T0105539

Antología de Cuentos Scouts

y Algo Más

Dr. Raúl Oliver Grande

*En Trafford Publishing creemos en la responsabilidad que todos, tanto individuos como empresas,
tenemos al tomar decisiones cabales cuando estas tienen impactos sociales y ecológicos. Usted, en
su posición de lector y autor, apoya estas iniciativas de responsabilidad social y ecológica cada vez
que compra un libro impreso por Trafford Publishing o cada vez que publica mediante nuestros
servicios de publicación. Para conocer más acerca de cómo usted contribuye a estas iniciativas, por
favor visite:http://www.trafford.com/publicacionresponsable.html*

*Nuestra misión es ofrecer eficientemente el mejor y más exhaustivo servicio de
publicación de libros en el mundo, facilitando el éxito de cada autor. Para conocer
más acerca de cómo publicar su libro a su manera y hacerlo disponible alrededor del
mundo, visítenos en la dirección www.trafford.com*

Trafford rev. 06/09/2010

www.trafford.com

Para Norteamérica y el mundo entero
llamadas sin cargo: 1 888 232 4444 (USA & Canadá)
teléfono: 250 383 6864 ♦ fax: 812 335 4082
correo electrónico: info@trafford.com

Dedicatoria

Al movimiento scout.
A María de Lourdes, mi esposa.
A Mis hijos: Raúl Eduardo, Lourdes Mariel y
Agnes, con todo mi amor.
A mis padres:
Raúl y Mary que con su amor me han
dado todo y a quienes debo todo.
A mis hermanos: Alejandro Arturo, Pablo Gustavo,
Lupita, Con mi amor por ustedes.
A:
Todos mis sobrinos, sobrinos nietos y nietos.
Y:
A mis amadísimos primos con todo mi amor,
quienes también fueron Scouts.

INDICE

PROLOGO

Motivo de una emoción muy especial lo es el realizar mis sueños a través de la escritura. Es por esto que hoy más que nunca me encuentro en ese estado tan especial que genera la creación de algo y que aquellos que lo han sentido me han de comprender.

Es un estado mental tan especial, que difícilmente podemos describir, ya que en algunos momentos de nuestra vida diaria nace la necesidad imperiosa de escribir o de hablar de nuestros pensamientos o de contar. Con un pincel a aquellos que se les dio el don de pintar o bien el requerir como una droga adictiva, de un cincel y un martillo para esculpir en el momento que llega esa vena creadora. Creo que todos en nuestro momento, hemos llegado a sentir esta necesidad; solo algunos cuantos la han identificado y han realizado el desarrollo de algo creativo, que puede ser una tonada de música un poema, una pintura un ensayo o bien una escultura.

Es en este ánimo que me he atrevido a tomar papel y lápiz- perdón, he encendido la moderna computadora- y me he obligado a escribir aquello que en el momento me inspira:recuerdos, anécdotas y cuentos variados, como verá el amable lector que acuda a estas paginas, pues mis vivencias de una vida scout completa recorrida a lo largo de 45 años de ser Scout, desde luego salpicados de humor creo harán una lectura divertida e interesante, pues en su momento fueron sencillamente memorables para muchos de los que vivimos esto.

En la espera de que aquellos que lean mis relatos, me tengan piedad si desbarro y que juzguen con buenos ojos esta gimnasia mental, espero en algún momento, me externen su opinión.

Vaya pues, en aras de descargar todo aquello que ronda en mi cabeza y en mi corazón, los relatos de cuentos, anécdotas e imagineria que ahora inicio, esperando sean disfrutadas.

RAÚL, el autor
Email: pediatrucoss@yahoo.com.mx

1 ...LE BRINCO

...LE BRINCO?

 El día era hermoso, como todos los domingos con que nos regala el creador y la Tropa Scout se disponía a abordar el camioncito que los llevaría al rumbo conocido como Valle de las Monjas, que, ni es valle y no hay monjas, pero, en fin, abordaron el camión para acercarlos a la vegetación, a los grandes bosques de coniferas y al olor a bosque, donde el amo y señor eran los pinabetes, con los cantos de pájaros, solo acallados por las risas y parloteo de los scouts, quienes felices, llegaban al sitio de su excursión.

El camino era tranquilo, una vereda bordeada por los pinos que los llevaba, tras unos 45 minutos de caminata, hasta las pequeñas ermitas construidas en tiempos de la colonia, por monjes de la congregación de frailes carmelitas asignada a ese punto, ermitas delimitadas por una barda que señalaba toda propiedad por fuera de ella como patrimonio de una poderosa familia de la época colonial de apellido León y por extensión, de Los Leones, familia adinerada y favorecida por algún virrey para ser dueños de las tierras así denominadas, aunque es de sobra conocido que en tal lugar, llamado popularmente "DESIERTO DE LOS LEONES", ni es desierto, pues hay un espeso bosque en todo el rumbo, ni hay leones.

Se llegó al sitio de reunión siguiendo una pista aplicada por Mauricio, subjefe de tropa quien se había adelantado para colocarlas estratégicamente y así llegar al punto de las ermitas haciendo más amena la ruta a la tropa, llegando a feliz termino todas las patrullas.

El día continuó con juegos y actividades propias de los Scouts, a saber: señales con banderas, competencias entre patrullas, después practica de amarres cuadrado redondo y diagonal con los bordones y realización de una mesa de comedor por cada patrulla para comer en dicha construcción realizada totalmente con bordones y aprendizaje del tejido zarpa de gato dirigida por nuestro jefe de tropa, así como finalmente la bendita comida que para ese momento era necesaria hizo su aparición convertida en deliciosas tortas preparadas en casa, algunas, por nuestras solicitas madres y en algunos casos, por los mismos Scouts-algunas definitivamente para paladares ,muy, pero muy especiales, como esas que portaba casi siempre uno de los muchachos consistente en un plátano en medio de la telera acompañada por una riquísima untada de mermelada de fresa así como frijoles fritos ¿qué les parece?- despachando cada uno nuestro manjar, que a las 14.00hrs era como maná caído del cielo: algunas de frijoles, otras más de huevo, algunas, mejor elaboradas con todas las de la ley con mayonesa, jitomate, chilito serrano encurtido, su infaltable rodaja de cebolla y... jamón con un cuadrito de queso amarillo,¡ay! envidia de todos los demás. Finalizaba nuestra comida con una reparadora siestecita de 30 minutos exactos.

Continuamos nuestras actividades scouts hasta las 5 de la tarde, momento en que, muy a pesar de todos, finalizó la actividad campirana iniciando el regreso.

El camino de retorno a los hogares fue seguido por la tropa sin retraso, sin embargo, parte de los chicos retornaron por el sendero tomado a la ida y otra parte de la tropa, obviamente aquellos de los más inquietos, lo continuaron caminando sobre la barda llamada "de la excomunión" que delineaba la vereda la cual contaba con un borde de unos 70 cms. De anchura por unos 3 a 3.50 m de alto. Actualmente el vandalismo que abunda en todo el mundo, se ha hecho presente en nuestra Patria, destruyendo en gran parte esa hermosa barda que delimitaba las veredas y que finalizaba en el monasterio del llamado Desierto de los Leones.

En un momento dado esta barda finalizaba por lo que se les indicó descender al camino tomado por los demás miembros de la tropa, pero... el guía de la patrulla cuervos, un muchachito de 13 años con cara de pícaro y sumamente inquieto, preguntó al jefe desde lo alto de la barda:

Akela: ¿le brinco?

-¡No!- fue la orden tajante en tanto los demás bajaban de la barda.

¿le brinco?- preguntó una vez más.

¡No, porque te puedes lastimar!- fue nuevamente la respuesta.

-Akela, ¿le brinco?-nuevamente preguntó.

-Ya te dije que no.- ¡baja!-.

-¿si le brinco?, no está tan alto.

¡Que no, ya te dije, baja ya!-fue nuevamente la contestación.

Ándale, ¿si? ¿le brinco?

-Exasperado, finalmente el jefe de tropa le contestó lo que quería oír-pues brinca, pero ya baja.

Y brincó.

Es lunes, son las 8 de la mañana y todos entramos a nuestro salón de clases, cuando vimos llegar a uno de nuestros compañeros de clases, cargado por dos personas mayores, llamando de inmediato nuestra atención: era Vicente, el guía de la patrulla cuervos, quien con una sonrisa de oreja a oreja y su carita de pícaro que no ocultaba sus travesuras, se sentó en el banquillo de clases, con la pierna derecha extendida, permitiendo ver una enorme bota de yeso que llegaba de la punta de sus dedos del pie hasta la cadera. Cumplió su hazaña de brincar con el veredicto médico..."fractura de fémur".

2. REGRESO A SEONEE

REGRESO A SEONEE

 Akela, joven de unos 22 años, delgado, pulcro en vestir, con su uniforme impecablemente planchado camisola amarilla con pantalón azul marino y pañoleta con los colores del grupo, a saber verde con amarillo (mitad verde y mitad amarillo) ., lanzó la famosa llamada de los lobatos: ¡Manada, manada, manada! Respondiendo al unísono todos y cada uno de los lobatos y lobeznas de la manada Kaniwara del grupo 53: ¡MANADA! Estruendoso, intenso, vivo, procediendo a dirigirse inmediatamente a toda prisa ante el sitio favorito de Akela para contar historias: un montículo irregular del piso del jardín en que sesionaba la Manada todos los viernes a las 4 de la tarde.

Realizando Akela la seña de circulo de Consejo, esto es, con los lobatos y lobeznas prácticamente hombro con hombro, esperaron en silencio y en posición de firmes la llegada de los demás viejos lobos quienes tomaron su lugar en el sitio acostumbrado; Baloo, entre la seisena gris y la roja y Bagueera, damita de 21 años, finita, pequeña pero con un gran carácter y gusto para tratar a los lobatos y lobeznas, confidente muy especial de las lobeznitas, procedió a sentarse entre la roja y la azul.

A la seña de Akela, todos procedieron a tomar asiento en el piso en postura que los scouts han adoptado para sentarse en el piso, con las piernas entrecruzadas dispuestos a escuchar al viejo lobo como conocemos a los scouters de las manadas de lobatos guardando silencio y compostura en espera de la palabra de Akela.

Se hizo silencio total, mientras Akela, pegando su barbilla sobre el pecho y ambas manos en postura de oración, quedó sumido en sus propios pensamientos y ordenando sus ideas para dirigirse a los lobatos, inmóvil durante unos segundos que parecieron siglos, que presagiaba que algo estaba por ocurrir en su reunión respirándose un ambiente diferente denso, misterioso, con aroma a aventuras y a sensaciones distintas lo que presagiaba algo mayor a las expectativas originadas por la charla de cualquier otra historia contada con esa sabrosura que solo Akela sabía dar a sus relatos pues bien sabía cada uno de los lobatos que Akela era especial al relatarlos.

Sin embargo, en esta ocasión la magia de las palabras empezaba a envolverlos al transportarlos en el tiempo y el espacio hacia algo único. El relato era mágico y el momento también, condiciones ambas que permitirían disfrutar hasta las más insospechadas alturas la aventura que estaba por relatar su jefe. Se estableció un silencio intenso al iniciar el relato:

Lobatos- habló Akela con voz intensa, susurrante dando la entonación precisa a sus palabras, captando la atención de todos por los siguientes 45 minutos- en esta ocasión vamos a hacer un viaje a la selva que habita Mowgli, la rana, en la más peligrosa, emocionante y difícil de sus aventuras: la lucha desarrollada junto con todos los miembros de la selva en contra de los perros jaros, perros salvajes de la selva enloquecidos por Dewanee, la locura(esto ahora sabemos que es la enfermedad conocida como hidrofobia o rabia que enloquece a los seres que se contagian de ella y atacan todo a su paso), lucha que, como toda guerra, cobraría sus víctimas tanto de un bando como de otro y cuyo costo a la manada de seonee sería entre otros, la pérdida de Akela, su guía y de la mayoría de los lobos, recibiendo incluso Mowgli heridas tan espantosas, que con toda seguridad matarían a cualquier otro niño pero que a Mowgli únicamente lo lastimaron por unos días.

Sesionaban los lobos ante la Roca del Consejo en la cual ordinariamente reposaba Akela, en los momentos de calma, siendo en esta ocasión cuestionado por los lobos más jóvenes intentando retarlo para tomar ellos el liderazgo de la manada dado que, el viejo y casi ciego Akela, era mantenido por Mowgli como jefe de la manada.

Todo agitado, llegó en ese momento Mowgli ante Akela y el consejo, emocionado, pues había tenido el primer encuentro con los perros jaros, fieros, con brasas en vez de ojos, envenenados por la rabia y enloquecidos, destruyendo todo a su paso.

Más de pronto, sin percibirlo... en ese momento del relato todo cambió: en un abrir y cerrar de ojos...¡ahí estaban! Despojados de su uniforme azul marino con amarillo y sin su pañoleta: ¡cada uno de los lobatos y lobeznas habían sido sustituidos por un autentico lobo!;

Ya no más Raúl, seisenero de la roja, ahora era Lobo Gris, el lobo líder de aquellos lobos con pelaje color grisáceo. Arturito, el pequeñín de la manada ahora era el poderoso Hermano Rojo, lobo con pelaje de tintes color caoba que le daban su nombre: Pepe, ahora era uno de los tres juntamente con manolito y chucho(recordad que los llamados "los tres" en el libro de las tierras vírgenes, eran los tres hermanos de Mowgli), la encantadora Laurita, era ahora la feliz madre de una camada recién nacida de 4 lobeznos de pelaje amarillo, defendidos con toda la ferocidad que su instinto daba a" la Amarilla" (por el pelaje) y perteneciente al clan de los lobos amarillos, cuyo representante era el Hermano Amarillo, antes Pablito, seisenero de la seisena amarilla y así, cada uno de los 28 integrantes de la Manada Kaniwara de niños y niñas, fue tornándose en uno de los lobos integrantes de la Manada a la cual pertenecía por derecho propio Mowgli y que decir de Bagueera, la frágil maestra de escuela todo alegría y simpatía en su función en la manada, ahora era "la negra", la silenciosa, grácil pero mortal, pantera negra compañera de Mowgli y quien, por salvarlo a su llegada a la selva siendo un bebé extraviado del voraz apetito del implacable shere-Khan, había dado un enorme gamo recién muerto a manera de intercambio por la vida Mowgli.

Y Baloo, el juguetón y gracioso subjefe de la Manada, ahora era el fortachón y bonachón oso pardo compañero de andanzas de Mowgli y maestro de todos los lobatos y lobeznas en el aprendizaje de la Ley de la Selva, ocupando su lugar,a un lado de Akela dormitando en tanto acababa el chachareo de los lobos.

¡Lobos de la Manada de Seonee!, antiguamente reconocidos por su fiereza y generosidad en la batalla y ahora un grupo de patéticos animales de la selva que se complacen en comer renacuajos en lugar de buscar buena cacería, dejen de buscar el retiro de Akela y busquen otra forma de alcanzar la gloria para obtener el honor de ser, alguno de ustedes, jefe de esta manada.

Dejen de parlotear como guacamayas o como las viejas de la plaza del mercado de los hombres que hablan y hablan y hablan y no llegan nunca a nada.

Tú que propones, ranita- habló el jefe de los pardos- pues tal parece que te empeñas en mantener a la cabeza de esta manada a un despojo de lobo que ya no sabe mandar por buena caza a esta manada.

¡Cuidado con lo que dices, pardo!- arremetió Mowgli- ahora mismo les aclaro lo que digo, solo les pido un poco de silencio y paciencia para escuchar.

Habla, te escuchamos aunque nuestra decisión de cambiar jefe esta echada, puedes hablar.

Bien, escuchen, pues ahora me demostraran que en verdad son lobos:

(Texto en negritas y cursiva basado en "el libro de las tierras vírgenes")

"me hallaba en las llanuras antes de alcanzar la selva cuando unos ladridos espantosos cortaron mi carrera y, al voltear hacia atrás me di cuenta que era la presa siguiente de los perros jaros, que, dejando las llanuras del Dekkan, contaminados por Dewanee, corrían buscando el sitio final de su reposo pues sabían que al dejar de correr, su loca carrera finalizaría con su muerte no sin antes dejar una estela de destrucción y muerte a su paso y mientras más grande mejor, pues, decían, así se hablaría por muchos años de esa manada de jaros que desolaron toda la selva a su paso antes de acabar su loca carrera en algún desfiladero.

Casi estaban por alcanzarme cuando logré escalar un árbol desde el cual los reté a morderme, sin suerte para ellos pero suerte para mí, pues en uno de tantos saltos de los perros, alcancé en el aire al mayor de ellos, quien me gritaba que lo soltara pues era el jefe de todos y si no lo hacía acabarían conmigo en ese momento.

¡Calla loco!, de cualquier forma si te suelto, me han de atacar, así que... mientras te sostenga yo, no harán nada.

No toques mi cola pues es la parte mas sensible de todo perro, y entonces de verdad te arrepentirás de haberme conocido.

Buena me has dicho-fue mi respuesta -y alzando al Jaro, que lo sostenía por la cruz (la cruz es la parte mas alta del lomo de los animales) lo lancé a los aires alcanzando a pescarlo de la cola lanzando el perro un aullido de dolor tan intenso que se escuchó hasta la selva.

¡Aaagghhh, aauuuuuu,aaauuu,yiii! Fueron los aullidos lastimeros del perro jaro quien a pesar de esto no perdía su ferocidad intentando morderme.

¡Ya verás, remedo de hombre, en cuanto me sueltes te veré morir!

¡Bah! Solo palabras de tabaqui salen de tu hocico, pero... te reto a ti y a esta jauría de... chacales, no de perros, a una pelea, la ultima que han de tener antes de morir.

Di donde y ahí estaremos- fue la contestación del perro jaro.

Bien. Te espero a ti y a tu jauría al pardear el día delante de los cubiles fríos, donde el pueblo diminuto, si no les tienes miedo, digo,

Para recibir la muerte por mi diente (diente = cuchillo tomado de la aldea de los hombres por Mowgli cuando intentó ser miembro de ellos).

Descolgando su diente del cuello, sin más esperar, de un solo tajo cortó la cola del perro jaro quien cayendo al suelo estrepitosamente lanzaba aullidos de dolor y rabia entremezclados con maldiciones hacia Mowgli y los lobos.

Aaaay! maldito renacuajo, ser de agua inmunda, auuuggg, aaayyy sean maldecidos tú y toda tu descendencia, aauuuugggg ayyy, aayy, mi colita, mi colita- eran los gritos del perro jaro.

Bien, ya sabes donde te espero, y recuerda esto para que no olvides tu cita de hoy: me llevo tu cola de trofeo, si la quieres, allá estará, donde el pueblo diminuto.

Ten por seguro que ahí estaré maldito, no dejes de llevar mi cola pues hoy... hoy, será tu último día en la tierra.

¡ja,ja,ja,ja,!, fue la respuesta de Mowgli quien a paso rápido se alejó lo más posible de la mortal jauría ciega de locura.

Nuevamente con los lobos en la roca del consejo, Mowgli, continuó hablando:

... y esta es su cola-la lanzó al centro del circulo formado por los lobos quienes retrocedieron unos pasos antes de retornar y otear el pedazo de carne con sangre coagulada dejada por Mowgli.

Mowgli, quien antes de la transformación era Guillermo, el lobato más aventajado de la manada,- continuó: lobos, les tengo el reto, digo, si aun son lobos todos ustedes, para acabar de una vez y por todas con el peligro que representa la invasión de los perros jaros a la selva en su totalidad, reto que para algunos habrá de representar la inmortalidad por su bravura y a otros les habrá de convertir en leyenda viva de su lucha contra los jaros, decidan:

¡Me acompañan hasta la muerte o se esconden como cobardes en su cubil hasta que finalice la pelea!

¡NO!- fue la respuesta en un interminable aullido de toda la manada incluyéndose el aullido de Akela como en sus mejores tiempos al mando de la manada así como el intenso gruñido de Bagueera y de Baloo aposentados a un lado de la roca-dirígenos en la pelea, llévanos hasta donde pactaste esto para acabarlos en el mismo lugar, anda, inicia.

¡No!, su líder es Akela, dejen que esta sea su ultima gran batalla y que luche hasta la ultima gota de sangre ante la ferocidad de los jaros- ¿lo harás Akela?- preguntó Mowgli.

¡Claro que lo haré! aun soy el jefe de la manada y los puedo comandar solo explícanos, hermanito, ranita, donde ha de ser la batalla y dime que hago.

Akela, Akela, tú eres el jefe de la manada, ¿qué puedo enseñarte? Solo tu puedes dirigir esta gran cacería, yo soy tan solo un cachorro de hombre que te seguirá hasta la muerte en tus decisiones, así que, señala la estrategia y todos, como uno solo, como en tus mejores tiempos, anciano, dirígenos a la victoria y te seguimos.

Won-Tolla, aulló Akela, dirigiéndose a un lobo recién llegado: podrás vengar a tu compañera y tus cachorros asesinados cobardemente por los jaros, ve con esta ranita y... ¡llénate de venganza!

¡Que así sea!-fue la respuesta de Won –Tolla-mi vista se empieza a nublar y mi cerebro se embota por Dewanee (la locura) que ahora me llena, ¡vamos Mowgli, la rana! indícame hacia donde dirijo mis pasos y esos perros jaros conocerán lo que es la venganza, finalizó Won-Tolla a quien Mowgli asignó un sitio preferente en la cacería para vengar a los suyos.

-¡Los tres!- gritó Mowgli a sus hermanos de leche- ¡con Akela hasta la muerte! No lo dejen solo y sigan hacia donde el les diga.

¡Con Akela hasta la muerte! Fue la contestación al unísono de los hermanos de Mowgli quienes, aproximándose a Akela, esperaron la señal de partida a su gran cacería.

¡Mowgli, guíanos! indícanos nuestro lugar en la cacería, hablaban presurosos los demás en tanto Mowgli ordenaba sus ideas y distribuía a la manada para la cacería acompañado por Akela.

Hermano rojo, acompaña con los rojos a Bagueera ¡Buena caza!, Lobo gris, *tu y yo somos de la misma sangre*, saludó Lobo gris a Akela quien solo dirigió una mirada aprobatoria al saludo. Ocupa el flanco derecho de la manada una vez que cerremos la pinza sobre los jaros y... ¡buena caza!

Baloo, hermanito, ¿quieres acompañar a los pardos atacando por el centro? Sé que te divertirás y habrás de ser tomado como uno más de los lobos- fue la solicitud engolosa de Mowgli al dirigirse al oso.

¡Hermanito!, habló Baloo, esperaba tu asignación, sabes que ambos seguimos las mismas correrías y esta... esta no me la perdería por nada, andando y... ¡buena caza hermanito!

¡Amarillos!, ustedes rematarán a los que queden vivos, escóndanse hasta que vean la cacería por finalizar, pues su pelaje es demasiado vistoso y podrían ser masacrados en el primer ataque, ustedes serán nuestra ultima venganza,¿estamos?

Claro, ranita, tu hablas y nosotros te seguimos... ¡buena caza!

Y así, uno a uno, fue distribuyendo Mowgli junto con Akela las posiciones y deberes de cada lobo en la gran cacería de los perros jaros.

Finalmente, se dirigió hasta el cubil en el cual reposaba Raksha, su madre loba quien lo acogió y protegió siendo un bebé y lo siguió cuidando en sus primeras correrías, cada vez más orgullosa de su ranita como siempre le llamaba.

Madre- se dirigió a la anciana loba-despídete de mi pues después de esta cacería creo que no habremos de vernos más sino hasta que estemos en el paraíso de los lobos, donde espero, allá, ingresar como un verdadero lobo con pelo, cola orejas y dientes de lobo, estrechando a la vez, por ultima ocasión el cuello de Raksha, aquel del que estiraba con sus manitas siendo bebé y que le causaba alegría en esos juguetos a la loba.

-¡Mi ranita!, cuídate y ¡buena caza! demuestra que esta vieja loba te enseñó a ser un buen lobo. Allá, en el campo, nos veremos; voy acompañando a los cafés quienes han prometido mantenerse muy cerca de mí cuidándome-¡como si lo necesitara!

¡Lobos!- habló Akela con esa voz que siempre imponía orden disciplina y respeto- ¡Me dirijo a ustedes desde esta Roca del Consejo posiblemente por ultima vez, pues el paraíso de los lobos me espera al terminar nuestra gran cacería y es por eso que espero escuchar su Gran Clamor como nunca antes lo han hecho, que toda la selva y hasta el Dekkan, se oiga la voz de la Manada del Río Waingunga

(el aullido, dirigido por Akela, al parecer fue más o menos así, según me lo contó Mang, el murciélago, a quien despertó sobresaltado):

¡Uuuuuuuuuuuuuuuuuuaaeeeeiiiii
uuuuuuuuuuuuoooooooouuuuuuuuuu!

(Lobos ¿podrán en esta cacería hacer lo mejor?)Contestándole:

¡uuuuuuuuuuuuaaauuuuuuuuuuuueeeooooouuuuuuuaaaaaaauuuuu!

(¡Desde luego, haremos lo mejor en esta gran cacería!)

Ahora partid y buena caza.

===

...Y con el lastimero gran aullido lanzado por ultima vez por Mowgli ante el cuerpo de Akela, finaliza nuestra historia de los perros jaros, lobatos y lobeznas- concluyó Akela jefe de la manada de seonee volviendo sus palabras a la realidad con su planchado uniforme scout.

Al instante desaparecieron las pieles colgantes tintas en sangre de la lucha contra los perros jaros, los jirones desgarrados de piel, ya no más, tampoco nadie aullaba ya ante los cuerpos de 6, 8, 10 perros jaros muertos en el combate, solo los uniformes de lobato, los restos de carne entre los dientes de los lobos, cedieron ante la presencia de las sonrisas inocentes de lobatos y lobeznas quienes dejando volar la imaginación sintieron estar en la selva de seonee. Ahora volvían a ser los niños y niñas que habían disfrutado ampliamente el relato sabrosamente contado por Akela.

Había finalizado una más de las juntas de la manada de lobatos y lobeznas.

Este relato se lo dedico a Ramón Pedroza Nava

Nuestro Akela por siempre.

3. MI HIJA

MI HIJA

La tarde declinaba y el Señor nos obsequiaba, una vez más con esa escenografía que monta cada tarde para recordarnos lo pequeños que somos y su propia grandiosidad.

Los tonos rosados, cambiantes, que pasaban hacia el rojo intenso, daban mayor esplendor a la tarde, enmarcada por los manchones de nubes blancas y grises que nos mostraba la hermosura del paisaje visto más atrás de las montañas, las que, llenas de verdor con tintes esmeraldas, mostraban un sinfín de tonalidades verdes propiciadas por el descenso de la luz en el horizonte, mostrando la belleza con que el Señor nos regala día a día.

Finalizando el día, el último rayo de luz nos permitió .observar, el lucero del atardecer y a los pocos minutos, al presentarse la noche, el cielo encendió sus múltiples estrellas, cual si hubiera bajado el swich para encenderlos. Todo en un mágico momento de10 o 15 minutos, tiempo suficiente para completar el espectáculo.

-¿Sabes papito?-habló mi niña que permanecía en mis brazos observando todo este magnifico espectáculo- estoy contenta porque estoy viva y puedo ver como se pone el cielo de tantos colores para finalmente dejarme ver las estrellas: ¿no te ocurre lo mismo?

Mi hija de tan solo 4 años me hizo volver los ojos al cielo con su regalo de mágicos colores, fuerza y majestuosidad, todo perfectamente nivelado, sin sobrar o faltar nada, abstrayéndome con mayor fuerza aún las palabras de mi pequeña, quien no me permitía hilar pensamiento alguno ante esa filosofía que acababa de expresarme tan atinadamente.

Mientras mas edad alcanzamos y logramos una madurez, nos olvidamos de mirar nuestro entorno con los ojos del niño que dejamos dormir dentro de nosotros y que vuelve a despertar, cuando, ya ancianos, y próximos al ocaso de la vida, contamos con el tiempo suficiente para dirigir nuestros ojos al cielo para apreciar una puesta de sol, un inicio nocturnal, y también, el regalo de un nuevo día bendito día que nos señala que vivimos un día más en esta Tierra nuestra.

Tratemos, en la medida de nuestras fuerzas e inteligencia de gozar de cada una de las oportunidades que nos ofrece el Señor para gozar de su heredad que es este mundo; que cuidémoslo, preservémoslo para los que nos han de anteceder, y que a su vez tengan la oportunidad de gozarlo como mi hija me lo ha mostrado este día.

Miremos cada uno de los momentos del día en nuestro entorno, aun en nuestras pestilentes y feas ciudades, apreciemos los reflejos del día en cada uno de los ventanales de los edificios, observemos con ojos de niño, los caloroscuro de nuestra ciudad y gocémosla aunque sabemos que bien poco puede gozársele. No esperemos que las luces de neón, la deslumbrante energía de nuestros autos terminen de afear nuestra ciudad; para gozarla, busquemos los destellos del Creador en cada una de sus formas y gocemos de la alegría de estar vivos con los ojos del niño que alguna vez fuimos.

4. GAJES DEL OFICIO

GAJES DEL OFICIO

Alguna vez fui muchacho- aunque no lo crean-y viví en el Escultismo cientos de aventuras de las cuales guardo recuerdos imborrables pues han quedado marcados en mi mente y me permiten evocarlos con gran cariño, de los cuales este que ahora habré de recordar, guarda un "algo" muy especial pues es un ejemplo vívido de lo que fue nuestra dorada adolescencia.

La fogata Scout a la cual se convocó a todo el Grupo Scout se desarrollaba, como siempre, en el campo de fútbol de nuestra comunidad en el sitio

ubicado a un extremo de la portería sur, sitio en el cual lo ubicábamos por no contar con césped, por lo que ahí se acostumbraba realizar la fogata ..

Esta inició como siempre con la oración de la fogata cuya letra es la siguiente:

"... Que las llamas se levanten hasta el cielo
y con ellas el corazón de los mortales,
y que el crepitar de sus candentes flamas, llenen al mundo
De Luz, Paz y Alegría,
Pues el Señor bendice en esta fogata,
Al Grupo de Lobatos, Scouts y Padres de familia aquí reunidos ".

Iniciando con el cántico conocido como, "Soy un Scout", seguido por "Flor de Lis", ambas de nuestro querido Ángel Ortiz y algunas más, seguidas por las representaciones de Lobatos y Scouts, que hacían las delicias de los padres de familia, quienes gozaban "como enanos" de lo que sus hijos desarrollaban en dicho foro.

Como siempre los lobatos acaparaban la atención al realizar ante todos la nueva danza de la selva aprendida en las ultimas sesiones de manada y que se llama la danza de la muerte de shere-Khan, con gran realismo y posicionamiento de los niños, no quedando atrás los scouts con una "lucha con bordones" coreografiada por los mismos guías de patrulla- aquellos que lo recuerden y hallan tenido oportunidad de ver la antigua película de Errol Flinn llamada: "Robin Hood" en la escena que conocía al Pequeño Juan, sabrán de lo que hablo- y cada una de las actuaciones aplaudidas con los clásicos aplausos Scouts, como "el torero", el "juego de fútbol",y... las infaltables " hojas de té" llegando a feliz termino nuestra fogata scout con la hermosa canción adoptada por los Scouts," Canción de Despedida", cántico tradicional inglés adaptado y adoptado por los Scouts. Para finalmente, sobre las brasas, proceder a flamear bombones preparados para tal fin en compañía de nuestros padres.

Al filo de las 23.30hrs las brasas estaban listas para ser retiradas, al igual que la basura generada por quienes participaron en la Fogata como invariablemente se hacía.

En esta ocasión tocó a la Patrulla Castores, cuyo Guía de Patrulla era Arturo, muchacho de unos 13 o 14 años, delgado, y sumamente alto pues ya alcanzaba el 1.75 de estatura contra el promedio de 1.67 del resto de la Tropa, lo que le permitía sobresalir de las formaciones.

Entre chanzas y juegos, como siempre ocurría, se acercó nuestro Jefe de tropa quien, siguiendo el hilo de las chanzas que desarrollábamos al retiro de la basura se dirigió a nosotros con esta frase:

- Apúrense flojos, o... ¿se van a quedar toda la noche levantando esta basura?, ¡vamos... muévanse!

Arturo, dirigiéndose a él le contestó:

-Y tú, porque no nos ayudas dado que tienes tanta prisa en irte.

    - Yo solo vengo a mirar, pues para trabajar a ustedes los traje- fue la contestación con risas de nuestro J. de T.

    - Mira nada más- continuó hablando Arturo- no solo no ayudas sino que además te vienes a parar exactamente sobre el montón de cenizas y basura y solo por eso te vamos a llevar junto con ellas, finalizó.

- Aún con risas y bromeando, habló Ramón.

Mira, mira, a ver, quítame si puedes

-Ah, ¿lo dudas? ¡Te voy a quitar!- finalizó la perorata Arturo, quien a pesar de ser sumamente delgado, era todo músculo, se le acercó intentando moverlo sin lograrlo.

-¿Lo ves? No puedes, les falta aún mucho "muchachitos" para ganarme- burlonamente contestó Ramón.

Fue entonces que entre todos los ahí presentes empezamos a"picar" a Arturo con chanzas como:

¡Quítalo Arturo! ¡Tu puedes!, ¡mueve al viejito!- si algo sacaba de sus casillas a nuestro J.de T. Lo era que se le dijera "viejo" o "viejito" pues aun era un joven de 24 años, aún ahora, que es en verdad un viejito, lo saca de sus casillas que se lo recalquemos (cuenta actualmente con 67 años).

-Bueno Ramón, tu te lo buscaste- fue la respuesta de Arturo, quien colocándose al lado de Ramón, lo abrazó levantándolo y moviéndolo unos 8 pasos fuera del sitio donde estaba parado ante el regocijo de todos con silbidos aplausos y hurras.

¡Ay, no espera!, ¡me... duele!", ¡bájame!- fueron las palabras entrecortadas con un rictus de dolor de Ramón, quien al ser bajado por Arturo, se derrumbó al suelo hincado y masajeándose la región lateral derecha de las costillas.

-¡que bárbaro, ahora si me deshiciste las costillas, Arturo!, no me muevas, ¡esperen!, este salvaje me sacó el aire- fueron sus palabras para que, después de unos 5 o 10 minutos, poco a poco se levantara de la posición en que quedó.

Aún con el optimismo que teníamos todos incluido él y sonriendo , nos volvió a hablar dirigiéndose a Arturo:"ya ni la amuelas "flaco" – apelativo cariñoso hecho a Arturo- hasta me tronó en las costillas y... mira... se me levantó una bolita en el lugar que me tronó.

Preocupados todos, no faltó Alfredo, subguía de la patrulla quien dijo: oye, es cierto, ¿porqué no vas al doctor?.

-no, no es para tanto, al rato se me quita- contestó nuestro J.de T.

A las 2.30 de la mañana una intensa punzada en el costado, que no le permitía respirar, hizo que nuestro jefe acudiera a los servicio de urgencia de nuestras comunidad donde, previo examen y toma de radiografía de tórax se llegó al diagnostico de 3 costillas rotas.

-Señor, lo golpearon o ¿que fue lo que le pasó?

-Ay doctor- contestó nuestro jefe- por ponerme a jugar con mis muchachos, pues soy jefe de scouts, en un juego me apretaron y sentí que algo malo pasó pues de inmediato se me hizo la deformidad que usted apreció.

-Bueno, pues por sus "jueguitos", va a tener que guardar reposo 3 semanas y hacer ejercicios respiratorios.

Muy bien doctor y... gracias.

-¡Ah! Y no olvide, nada de juegos con sus"niñitos" ¿comprende?

Desde luego doctor, de ahora en adelante no vuelvo a jugar con ellos- fue su respuesta-son gajes del oficio al ser jefe de scouts. Gracias..

5. EL MUDO

EL MUDO

El presente relato lo dedico con todo respeto a todos los padres del mundo y muy en especial a uno: el mío, quien fue protagonista de esta anécdota:

Quiero mencionar que él, como todos los buenos padres que hay  en el mundo-creo que hay la misma proporción de buenos padres como de buenas madres- nos ha ofrecido un ejemplo a seguir como seres humanos a través de su propia personalidad, su ejemplo y su afán de ser el mejor de los padres. Comencemos:

La tarde era joven y la consigna era precisa:

-Don Raúl,- había hablado Akela, el joven (aún), Jefe de Manada y a la vez Jefe de nuestro Grupo de Scouts, al cual asistimos durante buena parte de nuestra vida- tome usted esta tarjeta y hágame el favor de llevársela al Padre Torres en la parroquia de San Juan Bautista; ojalá sea factible que nos acompañe a la excursión familiar que tenemos programada y oficie misa en el Campo para nosotros, ya vé usted como gusta la misa ahí a los padres de familia.

-Como no, Akela- fue la respuesta de Don Raúl, hombre de elevada estatura, voz grave mirada decidida y modales serios, que, no obstante, dejaba entrever la inmensa ternura con la que colmaba a sus hijos.

Pero oiga, yo no conozco al Padre Torres y nunca me lo ha presentado usted.

-Bueno, no se preocupe, es fácil dar con él: La misa de las 6 de la tarde la oficia él, así que espere usted a que finalice la misa y le entrega la tarjeta que le envío.

-Bueno, le diré a mi sobrina Maria Elena que me acompañe.

Maria Elena, sobrina de Don Raúl era una jovencita de unos 16 años, agradable, dada a las bromas inocentes y a la risa fácil, constantemente cantando, bajita y morena.

Puesto que Don Raúl era el tío consentido, se aprestó a acompañarlo a ver al Padre Torres.

El templo, de tonalidades amarillo congo, con sus dos torres adornando el frente haciendo marco a la imagen de San Juan Bautista, que lucía plena con el sol de la tarde, se encuentra en el barrio de Tacubaya.

-Buenas tardes, ¿se encuentra el padre Torres?-fueron las primeras palabras de Don Raúl dirigidas al sacristán de la Iglesia, quien se encontraba anotando algo en un libraco inmenso.

-Si, buenas tardes, el Padre Torres está oficiando la misa de las 6 de la tarde, ¿qué se les ofrece?- respondió el sacristán.

-Traigo un recado para él. ¿Podemos esperarlo?- fue la contestación de Don Raúl.

-Si gustan esperarlo. Ya no tarda en finalizar la misa- fue la contestación lacónica, del sacristán, continuando su escrito en el inmenso libraco.

Oye Raúl, vamos a pasar a la Iglesia para conocer al Padre y abordarlo al desocuparse- espetó Maria Elena, que, contrario a su forma de ser, había permanecido en silencio.

-Pues si, pasemos a la Iglesia.

El Padre Torres, bajito, regordete, risueño, bonachón, se encontraba en pleno ofrecimiento de las ofrendas de acuerdo al rito católico, por lo cual, ambos tío y sobrina previo persignarse, se hincaron ante el altar para continuar el servicio religioso.

Al finalizar el servicio, con la bendición sacerdotal, inmediatamente pasaron a la sacristía a interceptar al sacerdote quien, como era su costumbre, se retiraba la casulla para mantener el hábito largo, negro propio de los padres agustinos y colocándose la mitra de monseñor, procedió a retirarse, no sin antes acercarse el sacristán para entregar la colecta de la limosna y al oído le dijo:

-Esas personas le esperan – señalando a Don Raúl y a Maria Elena con un movimiento de cabeza.

Aproximándose a ambos, el Padre Torres, empleando señas- una de manos para saludar, sin hablar y otra meciendo ambas manos para preguntar, todo en silencio, que querían-.

-Don Raúl, contestó el saludo con una simple reverencia de la cabeza sin hablar extendiendo el brazo con la tarjeta entregada por Akela, y ofreciéndola al Padre Torres.

La tomó el Padre y realizó la lectura la cual más o menos rezaba así:

"PADRE TORRES: EL PORTADOR DESEA LE INDIQUE SI PUEDE OFICIAR MISA CON MI GRUPO SCOUT DURANTE LA EXCURSIÓN FAMILIAR A DESARROLLARSE EL PROXIMO 18 DE JUNIO; MUCHO LE AGRADECERE NOS ACOMPAÑE. GRACIAS POR LA ATENCIÓN. Firma: RAMON(nombre de pila de Akela)".

Tras mirar la tarjeta y dirigir una furtiva mirada a los portadores , el padre Torres se dirigió a Don Raúl y, a señas, sin emitir sonido alguno, únicamente con gesticulaciones y movimientos de las manos, en señal negativa y los labios murmurando apenas el no puedo, señalando el reloj, y realizando movimiento de negativa con su dedo señalador (si traducimos es: no, no puedo, no tengo tiempo) pero con tan solo señas, ni una sola palabra emanó en ese mágico instante de la boca de monseñor.

Al mismo tiempo, Don Raúl contestaba las gesticulaciones del sacerdote con movimientos de manos, cabeza y hombros con leves movimientos de labios sin emitir palabra alguna, indicaba, ¿no puede?, no tiene lugar?¿ y ahora que haremos?, alzando los hombros y bajando las manos mostrando pesadumbre, pero sin hablar una sola palabra; finalmente se dirigió al sacristán, quien asombrado, únicamente observaba a ambos interlocutores en su charla muda, al igual que Maria Elena, quien a duras penas ocultaba la risa ante dicha charla de mudos.

Finalmente, ante el padre Torres, dirigiéndose Don Raúl al sacristán le habló con esa su voz tan potente:

-Entonces, ¿el Padre Torres no puede acompañarnos a la excursión de los Scouts?

En ese momento, el Padre Torres, abriendo tamaños ojos y alzando los brazos en total asombro se le quedó mirando fijamente a Don Raúl sin encontrar palabras para hablar, hasta que, saliendo del asombro, habló:

¡No!¡Dígale a Ramoncito que no tengo lugar!¡no puedo! ¡No puedo! ¡No pue...! y apresuró sus pasos hacia la habitación en que momentos antes se había despojado de sus ropas de sacerdote, seguido por el sacristán.

Tío y sobrina procedieron a retirarse del lugar entre apenados y asombrados, alcanzando a escuchar, al trasponer el umbral de la iglesia una muy sonora carcajada del Padre Torres.

Maria Elena, que para la risa se pintaba sola, empezó a reír siendo imitada por Don Raúl, riendo ambos hasta las lagrimas ya que, tanto el padre Torres como Don Raúl, cayeron en la cuenta de que uno y otro eran mudos y se dirigieron ambos a señas para explicar su situación y al verificar su error entendieron que era para morirse de la risa el momento.

Al llegar ambos a casa, distante una media hora de la Iglesia, aún llegaron muertos de risa por la ocurrencia, contando a todos la anécdota permitiéndonos gozar de esto el resto de la tarde.

Días después, Akela, acompañado por Don Raúl, mi padre, visitaron al Padre Torres por otro motivo y al encontrarse uno frente al otro, rieron de buena gana, comprobando que ambos habían tenido el mismo error al pensar que su interlocutor era mudo.

Dedicado a ti, padre, con todo mí cariño.

6. UN MILAGRO MÁS

UN MILAGRO MÁS

El día había sido espléndido; como buen domingo este había sido soleado como verdadero regalo de Dios y especial para realizar una buena excursión de manada. Akela, junto con los viejos lobos, Baloo y Bagueera, habían realizado un gran esfuerzo a lo largo de la excursión para que esta cumpliera con cada uno de los puntos que marcan los cánones del buen Lobatismo: agradable a los lobatos, atractivo, seguro, dejándoles además una enseñanza filosófica y una enseñanza técnica: La filosófica: "Quien más tiene mas debe de cooperar en beneficio de los demás, a través de la ya famosa – en la Manada- "torta al centro" esto es, cada uno de los lobatos, colocaban sus tortas en la mesa comunal y a su vez cada uno iba tomando del montón las tortas que su apetito les pidiera.

-La enseñanza técnica: la puesta en práctica del sistema semáforo en el campo- el semáforo, como es bien sabido por aquellos que practicamos el escultismo, es el sistema de enviar mensajes a través del espacio, con banderolas roja-blancas formando palabras con las diversas posiciones de los brazos con las banderas.

Así pues, el "Valle de los pinos"-como conocían aquel paraje-, se había visto alegrado con los gritos de la manada Seonee a cuyo cargo estaba "Akela"- Nombre de guerra de todo jefe de manada de lobatos y cuyo nombre real era Ramón, hombre joven de unos 22 años de edad y con gran amor hacia los pequeños de la edad de los lobatos.

Cada una de las actividades fue desarrollada conforme al programa, finalizando, con el consabido "Gran Clamor" o "Gran Aullido", saludo final a toda actividad de lobatos dentro de la gran organización que es el Escultismo..

"Lobatos"- se dirigió Akela a su Manada- hemos de retornar a casa y espero que así como fuimos ordenados al venir hacia este hermoso paraje lo seamos al retornar a "Santa Rosa" para asistir a servicio religioso en la Iglesia de San Judas Tadeo que hay en el poblado para tomar ahí mismo nuestro camión de regreso a la Ciudad.

-Baloo, guíalos hacia el poblado, mientras Bagueera y yo hacemos la retaguardia.

. Baloo, joven Subjefe de la Manada, de 21 años de edad, alegre, bonachón, ligeramente pasado de peso y con una gran paciencia para tratar a los lobatos, dirigió la marcha de regreso, entre risas y carreras de los 26 niños que configuraban en ese momento la manada.

Toda excursión de lobatos en sus recorridos requiere la mayor paciencia del mundo .dado que algunos se retrasan mientras otros se adelantan corriendo, algunos mas hasta llegan a acostarse a lo largo de la ruta, por lo que los Viejos Lobos deben de marchar a paso súper lento con objeto de no tener que acabar cargando niños cansados . Esta "marcha ordenada" de toda Manada, de Lobatos y lobeznas, contrasta con el verdadero orden de las otras secciones.

El sitio de excursión no podía haber sido mejor escogido: grandes pinabetes y oyameles orleaban el camino de regreso, pasando, a en determinado sitio del camino, entre dos cerros formándose una pequeña cañada de unos 50 metros de profundidad pero con un camino de unos 15 metros de ancho por lo que la posibilidad de desbarrancarse de los lobatos era nula.

Todo el camino fue entre carreras, gritos, esperas de los Viejos Lobos, a lo largo del camino hasta "Santa Rosa", pobladito como muchos que existen en nuestro México, con su pequeña Iglesia con una sola torre (no alcanzaron las limosnas para hacer otra) su tendejón que vendía desde un clavo hasta pulque, pasando por galletas, refrescos, arreos para las mulas y ropa barata aunque pasada de moda.

Pues bien el recorrido fue sencillamente pintoresco: los lobatos con sus jefes casi "arreándolos" para alcanzar la misa de la 5 de la tarde, llegando al sitio aproximadamente faltando 10 minutos antes del inicio del servicio religioso.

Se procedió a formar por seisenas a la manada, ahora si, en verdadera formación, para pasar a asistir al Servicio Religioso (la Iglesia, desde luego católica dado que el pueblo mexicano como es sabido, en un 90% son católicos) no sin antes recomendar Akela a Bagueera, miembro de la Iglesia Bautista, a esperar fuera del Templo conjuntamente con los lobatos que profesaban otra religión.

La ceremonia fue corta, apenas unos 40 minutos, finalizando a las 5:40pm - ¡a tiempo para tomar el camión de las 6:00pm pensó Akela!-

Cuando de pronto el seisenero de la café gritó:

-¡Akela! No encuentro a Mang (nombre de lobato dado a Miguel Ángel, de 8 años), no lo vi desde que llegamos y pensé que se había quedado afuera.

En ese momento Akela, todo alegría, convirtió su rostro en una roca, serio, y con una intensa palidez que competiría con la tez de los muertos.

Con la boca reseca en cuestión de segundos, procedió a contar los lobatos:

-¡Bagueera! ¿Cuándo salimos de México éramos 26?

-Si Akela, los conté bien, pero, si quieres ahora mismo los cuento nuevamente...Son 25, ¡Falta uno!

-Te dije Akela, ¡falta Mang!- repitió Jorge, seisenero de los cafés quien, urgido por la ausencia de "su lobato", empezaba a preocuparse.

-¡Baloo!-habló nuevamente Akela- ¡recorre los alrededores de la Iglesia y sobre todo pide permiso en la sacristía para revisar, no olvides revisar hasta los baños!, a lo mejor se encuentra ahí adentro.

10 minutos después regresó Baloo con la mala nueva: ¡No está! ¿Se habrá quedado en el campo?

-Ordenando sus atropelladas ideas, Akela procedió a desarrollar un plan de acción: Baloo se quedara con los Lobatos a esperar mientras él y Bageera deshacían el camino recorrido- ¡Debía ser a toda prisa ya que estaba obscureciendo, a pesar de ser Abril, mes en que hasta las 8:00 de la noche se llega a tener "luz de día" en esos parajes.

Dejando sus mochilas, para caminar más ágilmente y a pasos largos se perdieron nuevamente en la espesura del bosque para buscar a Mang-lobatito, con 6 meses de antigüedad en la manada, con "promesa" y una especialidad en Humanidades: Era un buen declamador, piel obscura, cabellos negros y con esa mirada vivaz y traviesa de los niños de su edad.

Casi habían llegado a la Cañada en cuyo fondo se alcanzaba a ver el riachuelo de apenas unos 40 cm. De profundidad, limpio, cristalino, como pocos .actualmente quedan debido a los contaminantes de la Ciudad de México, cuando, casi frente a frente, toparon con Miguel Ángel- Mang quien estaba frente a ellos con la ropa húmeda pero sano.

-¡Miguelito! ¿Por qué te atrasaste? ¡Mira nada más como vienes! ¿ que te pasó?-fueron las palabras de Bagueera, quien al igual que Akela, se hacía cruces sobre el paradero de Mang-pensando inclusive en lo necesario que iba a ser acudir al Servicio de Socorro y Rescate para buscar por la noche al perdido.

-Miguel Ángel, calladito, pero con un dejo de felicidad en el rostro habló:

-No Bagueera, lo que pasa es que me caí rodando allá atrás y me dormí en el río, dentro del agua hasta que un indito vestido muy raro con una "cosa" verde encima me despertó y me cargó en sus brazos hasta la vereda nuevamente, platicándome y diciéndome que no tuviera miedo y al llegar a la vereda, me subió a sus hombros y empezó a cantar unas canciones muy bonitas que me pusieron muy feliz y al bajarme en la curva de allá a atrás me dijo:

-Mira Miguelito, allá adelante viene Ramoncito con Toñito (diminutivo de Antonio, nombre de pila de Bagueera y se trataba de Akela al nombrar a Ramoncito) alcánzalos, yo ahorita llego con ustedes pues se me desató mi huarache, anda, ve.

-¡Pero cómo!-dijo Akela-te caíste, te fuiste al fondo del barranco y según tu, te dormiste bajo el agua... ¿no me dices mentiras?

-No Akela, palabra de lobato- haciendo la seña de los lobatos para indicar que estaba diciendo la verdad,- todo lo que te conté es cierto.

¿Por qué le diste nuestro nombre?- fue la siguiente pregunta formulada por Bagueera.

-Si no le di sus nombres, el lo adivinó yo creo, por que yo casi no le hablé, por cierto, que mientras me cargó en sus hombros no sentí frío ni miedo y si sentí como cosquillitas y hasta me dieron ganas de cantar, pues el indito estuvo cantando todo el tiempo en la vereda hasta que me dijo que me adelantara por que su huarache se había desatado.

-¿En verdad, no le diste nuestro nombre?

-¡No!-insistió el niño, si ni siquiera yo sabía que Bagueera se llamaba Toñito.

-Ambos Viejos Lobos se miraron incrédulos, sin saber que decir o contestar, solo sus miradas los delataban: estaban anonadados.

-Bueno- indicó Akela, ya repuesto de la sorpresa- vamonos...ten, colócate mi chamarra, porque estás empapado y te va a hacer daño y súbete en mis hombros para ir más rápido, por que los demás nos esperan; a ver si tomamos el camión de las 7:30pm, vámonos.

-¡Ay Akela! Ten tu chamarra, no te preocupes, el indito me dijo que no me iba a enfermar pues Dios me quiere mucho y no va a permitir que me enferme.

-Nuevas miradas de los jefes quienes quedaron mudos de asombro y con un poco de miedo.

Apuraron el paso hasta llegar donde el resto de la Manada los esperaba.

Qué bueno que llegaron, estaba muy preocupado...encontraron al lobato, ¿no es verdad?- Baloo hizo la pregunta aunque esta se contestó por si sola al observar sobre los hombros de Akela al niño.-¿qué ocurrió?..

-Luego te platicamos.

-Oye, Mang, acompáñame a la iglesia-dijo Akela-quiero dar gracias junto contigo porque te encontramos sano y salvo ¡Ven!

-Espérenme-dijo Baloo, yo también voy a ir a la iglesia con ustedes.

-¡Lobatos!-dijo Bagueera- esperen aquí, solo vamos a entrar un momentito a la iglesia.

-¡Oye Bagueera! Pero si tú no asistes a esa iglesia-espetó uno de los lobatos.

-¡Ya lo se pero...quiero entrar con ellos a acompañarlos a agradecer.

Baloo, Bageera, Akela, y Mang-Miguelito, pasaron al interior del templo, pequeño pero espacioso, y se arrodillaron casi al mismo tiempo para dar gracias.

-¡Señor! Pensó Akela-te doy gracias por los dones que hoy recibimos y sobre todo por ayudarme a cumplir mi labor como Jefe de Manada al retornar con "buenas cuentas" ante los padres de este pequeño, ¡gracias Señor!

-¡Akela!¡Akela!-hablaba Mang halando a Akela de la manga de su camisa- ese es el indito que me ayudó, ¡míralo!

Akela dirigió su mirada a la izquierda del altar hacia donde señalaba Mang, donde se encontraba un altar un poco más abajo del altar mayor y más pequeño donde se encontraba posada la figura de San Judas Tadeo, con el rostro barbado, irradiando dulzura, como sonriendo, con su ropaje blanco y cubriendo su cuerpo un vestido blanco con un lienzo color verde encendido con una inmensa medalla en el pecho. Llamaba la atención su ropaje, hecho de tela verdadera, escurriendo un poco de agua de su borde.

-¿Estás seguro Miguel Ángel?-preguntó Baloo incrédulo

-¡Si! Solo que cuando lo vi tenia puesto un sombrero de palma, de los que usan los inditos y ... ¡Mira! ¡No se alcanzó a atar su sandalia!

Efectivamente, la sandalia del pie derecho de San Judas Tadeo se hallaba desatada, situación por demás rara, llamando además la atención de todos la presencia del ropón humedecido en su orilla, escurriendo aún gotas de agua sobre el pedestal en que se encontraba.

Esta última observación la hizo Baloo, quien desconocía la totalidad del relato de Mang.

Con lágrimas en los ojos Bagueera y Akela nuevamente hincaron las rodillas y, hablando en voz alta Akela, se dirigió a la figura de San Judas:

-San Judas, no se como agradecerte lo que haz hecho por nosotros, ya que esto no ocurre todos los días y en señal de respeto y de agradecimiento, recibe de nosotros nuestro bien mas preciado: La pañoleta de nuestro grupo, ante este enorme milagro que nos haz obsequiado al devolvernos a Miguel Ángel sano y salvo. .

-¡Gracias San Judas mil gracias!

-¡Gracias!-repitió Baloo sin saber que hacer.

Bagueera con todo respeto también habló: -Señor, aún no entiendo pero... ¡Gracias por los dones que nos haz entregado!

Persignándose Baloo, Akela y Miguel Ángel-Mang, procedieron a salir de la iglesia dedicada a San Judas Tadeo para dirigirse a su casa.

Tomaron el camioncito que a esas horas estaba casi vacío con uno que otro atrasado visitante del pobladito, quienes, empulcados se adormilaban en su asiento sin apenas poner atención a los lobatos, quienes callados por el cansancio y la emoción de haber perdido a uno de sus miembros, se relajaban tras haberlo hallado y escuchar de su boca su insólita experiencia.

Llegando al punto de reunión previamente establecido con los padres de familia de los lobatos, Akela se dirigió a los padres de Miguel Ángel-Mang para ponerles al tanto de la situación que habían vivido, y estos a su vez, escuchar de labios de Miguel Ángel su peripecia que horas antes había preocupado tanto a los Viejos Lobos.

Los padres de Miguelito, sin comprender del todo el relato, finalmente se retiraron a su hogar con su retoño, dando las gracias a Akela por su preocupación y la responsabilidad de regresar a buscarlo en el campo. Ya tendrían tiempo de digerir el relato en su domicilio.

Akela apenas pudo conciliar el sueño tras repasar la peripecia vivida, llegando a la conclusión de que: .

"Los caminos del señor son insospechados y sólo él puede darnos muestra de su poder en cada uno de los momentos de nuestra vida diaria".

Había presenciado-y muy de cerca- un milagro más.

7. HUESITOS

HUESITOS

A los 2 años de edad reconocemos el mundo que nos rodea y además medimos nuestras fuerzas con él para así primeramente con la protección de nuestros padres medirlo, por así decirlo y posteriormente, en la adultez, poder manejarlo y modificarlo según nuestras necesidades.

Es por éste motivo, que nuestros primeros 5 años de vida son cruciales en nuestra relación con el mundo pues de lo que aprendamos en este periodo de nuestra corta vida, va a depender nuestra funcionalidad en nuestra sociedad. Escuché decir a unas personitas, que a Dios gracias a sus hijas se las había criado su mamá (la abuela de sus hijas) y se las había finalmente dejado a partir de esa edad-¡desdichada!-, no comprendió lo que hizo al delegar su propia responsabilidad dado que al pasar de los años, se dará cuenta demasiado tarde, que para esas niñas tendrá más valor lo que la abuela piense,e imponga, que lo que esa madre pudiera influenciarlas a lo largo de su vida, ya que recibieron de su abuela mucha mayor educación en esos 5 años que lo que esta madre pudiera darles en los siguientes 20,30 o 40 años de su vida.

Casi puedo asegurarles, que estas niñas, el día que la abuela sea llamada ante el Señor, van a llorarle muchísimo más que a su madre cuando a ella le toque, pues les entregó todo su saber, experiencia y normas de conducta en los momentos de mayor aprendizaje de todo ser humano que es entre los 6 meses de edad y los 5 años de vida. Y a las pruebas.

Todo esto viene a colación previo al relato que aquí he de redactar pues de la atención ofrecida a la niña que aquí describo, fue crucial para su desarrollo el contar con una madre amantísima entregada a su labor: ser madre.

Su madre-¡bendita madre, diría mi suegra!, se desvivió durante toda su niñez para colmarla de la atención necesaria. He aquí mi relato:

Marielita, en el momento que describo, la menor de la familia, era por todos consentida y cada uno de sus caprichos se cumplían al pie de la letra. Esta ha sido la norma en cada uno de mis hijos, pero... siempre hay uno que abusa de los privilegios de ser pequeño.

Era el momento de la comida, poco después del mediodía y mi esposa procedía a ofrecerle los alimentos preparados para tal situación, sin embargo en especial este día la preparación se había llevado mas tiempo del esperado y como siempre , primero comían los niños y una vez cumplida su misión, se sentaba ella a comer a pesar de que los alimentos matutinos habían sido raquíticos pues una tacita de café y un pan no son alimento, refiriendo ella que solo había tomado esto por tener varias cosas por hacer, de ahí que este día específico refería "mucha hambre".

Mariel, por ser la pequeña de la familia, era alimentada en la boca por su madre, quien, solicita, se aprestaba a ofrecerle sus alimentos a la bebé quien como todos los bebés de esa edad se mostraba remolona para comer sus alimentos, intentando la madre toda suerte de trucos para que comiera, como lo es el famoso avioncito de alimentos para que los niños abran la boca y coman.

Yo comprendo que en algunas cucharadas se realice el juego, pero no en todas, sin embargo, con la paciencia del padre Job, cada una de las cucharadas era ofrecida a la caprichosa.

Pasaban las 15.30hrs de la tarde y la nena persistía en no comer ante la desesperanza de la madre y los gritos de su estomago que ya pedía comida, por la falta de alimento, mostrando cada vez mayor enojo ante las negativas para comer y su hambre, quien a estas alturas del día posiblemente ya se imaginaba el famoso cuadro de Goya"Zeus devorando a sus hijos" pues era tal la desesperación ante la negativa de comer de la niña y el hambre materna.

A duras penas finalizó la comida habiendo iniciado con sopa de pasta, machacadita para que la deglutiera mejor, verduras prácticamente molidas como papilla con un poco de jamón para darle mejor sabor-

solo así me las como, dijo la nenita- y frijoles, despellejaditos-si no no como-los cuales habían sido despellejados uno por uno..

Finalmente, cuando por fin la madre pudo sentarse a degustar su plato de sopa, al momento de llevarse la primera cucharada a la boca, habló la pequeña

.- ¿Mami, me das una fruta?

¡Milagro de milagros!, la niña había pedido, sin ofrecerle, al final de la comida, cosa sumamente rara, una fruta. De inmediato, la madre procedió a cumplir el antojo.

-Claro que sí mamacita, ahora mismo te doy la frutita, que quieres... un platanito rallado, una manzana, una pera, mira, que sabrosas están.

-¡No!, fue el grito tajante, duro, chillón, exigente, como solo ella sabía gritar.¡no quiero eso!

-Entonces,¿ que quieres?

-¡Una tuna!

¿Una tuna? De donde te saco una tuna si estamos en Mayo y no hay donde comprarla.

Encaprichada, casi a punto de llanto la niña insistió:-¡Quiero una tuna!

Prontamente la madre reaccionó; dejó su plato sin probar, levantó el teléfono y marcó:

-Señora Maria Elena, de pura casualidad ¿compró tunas?, Mariel quiere tuna y yo no compré-.

Al otro lado del teléfono Doña Elena, mujer llenita, de buen carácter y consentidora por excelencia del esposo de la madre, le dijo: Sí, venga, casualmente mi "viejo" encontró tunas en el mercado y trajo. Venga por ellas.

-Gracias señora, ahora voy. Colgó.

Menos de cinco minutos después llegó, satisfecha, con la tuna requerida. Pues le iba a cumplir el antojo a su nenita..

Con el mayor cuidado del mundo procedió a retirar de la tuna la piel toda cubierta de espinas, lavándola previamente con cloro diluido para evitar gérmenes.

Hecho esto, le fue ofrecida a la pequeña... recuerden que contaba con 2 años y con un control psicomotriz apropiado para tomar la comida con sus manos y comer.

-¡No!, la quiero aplanada.- fue la respuesta de la nena.

Aplanó la tuna para ofrecerla a cucharaditas.

-¡así no me la como! Fue la respuesta de la malcriada tapándose su boquita-¡quítale los huesitos!

¿Qué?-fue la respuesta de la madre- vete a volar, ya te cumplí el deseo de traerte la fruta que querías y ahora quieres que le quite los huesitos, ¡como no!, si quieres comértela, quítale tu misma los huesitos y cómela tu sola.

-Y con toda calma, haciendo oídos sordos a los reclamos de la niña, se sentó a comer sus alimentos tan bien ganados.

8. 53.50

53.50

Un grupo scout se conforma con sus secciones completas y es labor tanto de los padres de familia como de su comité conformado por padres seleccionados para integrarlo así como de los scouters y dirigentes el presentar al grupo con una uniformidad total con objeto de darle la presentación que merece ante la sociedad, es por eso que me pareció interesante el ofrecer esta anécdota que nos ilustra la forma de actuar de un verdadero grupo ante los altibajos económicos que vivimos actualmente. Decidí titularlo 53.50 pues esta cantidad fue en su momento, importante en la uniformacion del grupo.

Deseo aclarar algunas cantidades para que se comprenda la magnitud de la situación: en 1961, fecha de ubicación de nuestro relato las cosas estaban así:

Dólar   peso mexicano
12.50   1.00

1140.00 actual   (les recuerdo que al peso se le retiraron 2 ceros y se ha mantenido con esa fluctuación), pero que para la opinión pública, el precio actual del dólar es de 11.40 pesitos mexicanos.

Es miércoles, 20.30hrs y el comité de padres de familia se encuentra reunido a instancias del jefe de grupo en el salón de recepciones de la unidad santa fé, cedido para tal fin amablemente por la administración de dicha unidad quienes normalmente no objetaban su uso; como curiosidad, hay una película llamada "quinceañera" estelarizada por Maricruz Olivier y cuya recepción de quince años, se desarrolla en dicho salón de recepciones.

Pues bien, el punto a tratar era la uniformación de los muchachos integrantes del grupo con la menor cantidad de dinero factible.

-Señores, señoras, buenas noches-fueron las palabras con las que Akela, a la sazón jefe de grupo y jefe de manada del grupo, inició la sesión(en la actualidad esta duplicidad no se admite-¡gracias a Dios!, pues originaba problemas gravísimos en los grupos),primeramente les doy las gracias por su asistencia a nuestra reunión que espero sea provechosa en su totalidad y que todos salgamos contentos de las resoluciones que se tomen.

-Buenas noches Akela, como le va, fue la contestación en general de los padres hacia el jefe de grupo.

-Bien, vamos a iniciar directamente con objeto de no entretenerlos demasiado y para que los señores puedan irse a ver la función de box de los miércoles.

Una risa ahogada de todos los asistentes pues era cierto, en pocos minutos iniciaba la función de box y todos los papás estaban ansiosos porque la reunión fuera corta.

El motivo de la reunión lo es la uniformacion del grupo la cual en este momento es mas comprometedora pues en la reunión del distrito, se nos confirió el honor de asistir el día 20 de noviembre al desfile anual al zócalo de nuestra ciudad como parte del contingente que representa a la asociación de scouts y es necesario que todos vayan bien uniformados.

-Oiga Akela, pero es que están carísimos los uniformes en la tienda. fue la contestación del Sr. Arteche padre de dos lobatos y 4 más en vísperas de serlo.

-Si, lo sé bien, sin embargo nuestro Comité se ha dado a la tarea de buscar una solución. y me parece que estamos cercanos a solucionarlo;.... este... señor Rosales ¿me hizo el favor de pasar a la tienda scout a verificar los precios de los uniformes?

-Si Akela- fue la respuesta del Sr. Rosales, hombre de finura al hablar y modales tranquilos-los costos de los uniformes de los lobatitos es de $210.00 y de los scouts de $230.00.

-Óigame, no le haga, si apenas mi salario mensual es de $125.00- fue el reclamo del Sr. Oliver, recién integrado con los padres al aportar a 2 hijos al movimiento- además de mis dos hijos, se acaban de integrar 3 sobrinos que viven con nosotros y yo voy a uniformarlos a todos.

-Imagínese, yo tengo que uniformar a tres lobatos-arguyó el Sr. Eufrasio, hombre altísimo pero de hablar calmo y correcto.

Bueno, a eso voy- contestó Akela,-al finalizar mi reunión con el comisionado de distrito, platiqué con el jefe del grupo del 43, quien está en peores condiciones económicas que nosotros y sin embargo siempre presenta a todo su grupo debidamente uniformado, por lo que a mi pregunta de ¿cómo le haces?, me contestó:

-pues es sencillo, el sombrero en la calle de tabaqueros lo hacen a $12.00 y las cachuchas de lobato cuestan $6.00, ahora bien, si continuas caminando en el centro de la ciudad, sobre Correo Mayor, a unas cuantas cuadras de la calle de Tabaqueros, expenden las medias de scout en $2.50 y si compras por mayoreo, te descuentan hasta 50 centavos por cada par de medias.

Así que, amigo solo te queda pelearte por pantalón y camisola pues también en Correo Mayor encuentras cinturones muchísimo más baratos que en la tienda oficial.

Pues que buena orientada me has dado, voy a checar y a hacer cuentas. Adiós.

Con estos datos le solicité al señor Marmolejo, papá de Memito, el lobatito más pequeño, que ya que trabaja en el centro, me investigara los datos. ¿Señor Marmolejo, los trae?

-Este, si Akela, aquí los tengo- a lo cual sustrajo de la bolsa de su pantalón de casimir bien planchado una pequeña hoja de papel que al desdoblar era tamaño carta con cifras anotadas a mano con lápiz- que le parece que los cotejemos con los datos de mi cuñado Pedro (el señor Rosales, tesorero del grupo) quien fue a la tienda scout y recabó costos.

Y los precios resultaron más o menos así:

	Oficial Tienda Scout	En otro lado(buscando)
Cachucha lobato	$25.00	$5.00
Sombrero scout	$45.00	$12.00

-¡Ah, se me olvidaba!, encontré los suéteres de los lobatos a $12.00 mientras en la tienda scout cuestan $35.00- completó el señor Marmolejo, casi eufórico.

¡Vaya que si hay diferencia de precios!- habló el Sr. Raúl quien no salía de asombro, si estos son los precios, pues uniformo a toda mi familia.

Todos rieron de buena gana e hicieron comentarios parecidos sin ser familias de la llamada clase baja, se consideraban clase media que sin embargo no alcanzaban la mayoría a cubrir los costos operantes de manera oficial.

Bueno, continuó el Sr. Rosales, y no les he dado los precios de camisola y shorts, ahí si se vuelan la barda y definitivamente no creo que en el grupo se pueda con dichos costos.

Bien, entonces, ¿qué hacemos? Fue la pregunta directa del Sr. Eufracio.

Creo que tengo la solución a nuestro grave problema- habló Akela- antes de venir a la reunión con ustedes me invitó a merendar la Sra. Quintanar quien es costurera y le plantee el problema de los uniformes a lo cual me ofreció ella coserlos siempre y cuando le lleváramos la tela los botones y los cierres para pantalón y nos cobra la hechura a 3.50 de las camisolas y a $4.00 la de los pantalones por ser cortos.

Oiga Akela- esta vez habló la Sra. Méndez- y para que los cierres, si los pantalones usan botones.

Bueno, la costurera me indicó que en primer lugar los botones llevan demasiado tiempo el pegarlos y los cierres son lo más moderno en los pantalones y son más fáciles de colocar (¡imagínense de hace cuanto tiempo les estoy hablando!).

Bueno, vamos aclarando bien las cosas y los costos, la tela de los uniformes¿ como en cuanto nos saldrá?

Pues la tela para camisola cuesta $.50 el metro y para el pantalón por ser más grueso a $5.00 el metro fue la contestación de Akela quien ya llevaba los datos a la mano después de solicitar precio con la costurera. En resumidas cuentas Akela, si el uniforme nosotros lo hacemos, nos costará, deje ver... a si aquí está el dato: $47.00 cerrados, completó la Sra. Macías, madre de dos lobatos.

Su cuenta es correcta señora, solo que hay que agregar pañoleta, ligas, insignias, nudo, el cinturón de lona con su hebilla ¡Ah! Y 3 metros de piola para cada lobato.

Nuevamente sonrisas y bromas ante la contestación de Akela pues no solo se contentaba con los uniformes sino además las piezas complementarias y llamando la atención de todos la famosa cuerda de 3 metros (han de saber que en el uniforme antiguo de los lobatos, debían traer siempre una cuerda).

Bueno, la costurera me dijo que la pañoleta la hace en 50 centavos cada una siempre y cuando le demos el material.

Ja, ja, ja, ja, ja, oiga, que esta señora tiene mucha necesidad o qué, o la agarró dormida, porque los costos son muy baratos,¿ no le parece Akela?

Bueno, me dijo que me estaba cobrando más caro porque las prendas tenían muchas aplicaciones.

¡No le haga, ja, ja, ja, ja!

Akela, preséntemela pues yo necesito ropa y que mejor que una señora que cobra a esos precios- interrumpió otra señora, madre del guía de patrulla ardillas.

Akela, pido la palabra- esta vez habló de nueva cuenta el Sr. Rosales que en silencio había estado observando la dirección de la reunión- el numero del grupo es 53, yo sugiero y pongo a votación de la concurrencia, que el costo del uniforme sea de $53.50 y aun nos queda un pequeño sobrante para el grupo, ¿que les parece?.

¡Excelente idea!¡que bien!,¡perfecto!,¡si!, fueron las exclamaciones de todos los padres reunidos.

¿Quién acepta?, alcen las manos-habló Akela.

Al unísono todos los padres votaron por los costos y la hechura de los uniformes.

Y ese 20 de Noviembre el Grupo 53-M- Aztecas, desfiló en el Zócalo de la Ciudad de México con sus uniformes de $53.50.

Todo lo puede un Grupo bien organizado y con todos sus elementos trabajando por un fin común y despojándose cada uno de su egoísmo para dar a otros un mejor ejemplo y ofrecer a los muchachos todos los elementos para lograr ser buenos ciudadanos el día de mañana.

Aclaración: he decidido dejar los nombres y apellidos reales de estos fantásticos padres de familia (e incluyo a mi padre), que creo merecen este homenaje por su coraje, lealtad, sacrificio y apoyo a sus hijos, muchos de ellos actualmente orgullosos profesionistas y padres de familia que guardan a sus padres en un palco de honor. Algunos de ellos han desaparecido pero uno que otro aun vive y deben de recordar esta odisea de todo un grupo de padres.¡Gloriosos papás, benditos sean donde se encuentren!

9. PERDIDOS

PERDIDOS

"...**El scout como buen explorador, siempre encuentra el camino, nunca se pierde.(B.P. "Escultismo para muchachos")**".
El día lucía espléndido, ideal para la excursión proyectada para adiestramiento de la patrulla de guías, que, dirigidos por su propio Jefe de Tropa , se aprestaron a marchar hacia la estación del ferrocarril rumbo a "el parque", estación intermedia en el antiguo ferrocarril México- Ajusco-el parque-Cuernavaca, con algunas paradas mas intermedias en el Olivar, San Pedro de los pinos (sitio en el que abordábamos el tren), Contreras, Eslava,Ajusco, Tres Marías, el parque y algunas más que escapan a mis recuerdos.

Actualmente dicho tramo de ferrocarril ha desaparecido devorado por el asfalto que no perdona caminos permitiendo trayectos de tránsito más rápidos pero a la vez eliminando aquellos paisajes que nos distraían y llenaban nuestro espíritu de patria, de pensamientos positivos al pasar por ellos y poder visualizarlos por varios minutos sin la premura del auto "de atrás" o del camión de pasajeros que pasa a velocidades que no permiten el disfrute visual de los paisajes. En fin, todo sea por la modernidad. Cabe mencionar que actualmente el trayecto a Tepoztlán se cubre en aproximadamente una hora; pues bien, dicho trayecto lo realizábamos en unas 3 horas y aún nos faltaba la caminata de una hora y media para alcanzar el poblado de Tepoztlán, pero disfrutábamos a pleno goce nuestra excursión, pues debíamos de regresar una vez que dieran las l6.30hrs nuevamente a la vía del tren pues pasaba de regreso a las l7.00 o l7.30hrs (no tenía palabra de honor acerca de su hora de pasar)

Era de sobra conocido por nosotros que llegando a El Parque, nos esperaba una caminata aproximada de 5 Km., marcada a pocos metros de la estación, por un letrero que así nos mostraba las distancias, siendo una pendiente desde ese momento, hasta llegar al poblado conocido como Tepoztlán, sede de el campo escuela de Meztitla de Scouts de México y sin embargo, nuestro punto a finalizar lo era el campo que, por esas fechas a que me refiero, era amplio, sin cercas que nos limitaran el libre acceso. .

Pues bien, únicamente esperábamos la voz aguardentosa del garrotero pasar a lo largo del "gusano de metal" como se le conocía al tren, gritando el sitio al cual se llegaría:"el parque, el parque, el parque"

Nos dispusimos una vez que descendimos del tren, a cargar nuestras cosas sobre las espaldas y a caminar los 5 Km. que nos separaban del poblado, sobre rocas volcánicas que destrozaban nuestro calzado pues sus agudas aristas parecían filosas navajas hundiéndose sobre la suela o el corte del calzado y... pobre de aquel que perdiera el paso y cayera, pues el raspón y los moretes eran recordados hasta 15 días después.

El camino era ingrato con una pendiente de unos 30 grados caminando sobre roca volcánica que, aquel que ha caminado en esas pendientes, sabe que es más sencillo subir que descender. Iniciamos el descenso y aproximadamente a 2 kilómetros, había una bifurcación del camino que, sabíamos, por el lado izquierdo era el correcto para llegar al pueblo y el derecho, solo Dios sabía a donde llegaba.

Cuidándonos de no caer en el terreno, vigilando nuestras mochilas que fueran bien cerradas y la plática alegre y desparpajada, nos hicieron olvidar de los cambios del camino, por lo que, posiblemente en el punto dela bifurcación tomamos el camino incorrecto y continuamos camina y camina.

Sin percatarnos de nuestro error continuamos caminando siguiendo ahora al subguía de la patrulla castores que en ese momento encabezaba la columna, hasta que finalmente el guía de la patrulla pumas le gritó:
-¡Gordo!, ¿a dónde vas?

No sé- fue la respuesta- ¡ahí, voy siguiendo la veredita!, fue la ingenua contestación del gordo, que hacía honor al sobrenombre.

¿Qué no sabes por donde debemos de ir?- fue la pregunta de Luis Felipe, a la sazón guía de la patrulla murciélagos.

Pus...no ¿qué no te había dicho que era la primera vez que venía acá?- nuevamente habló el gordo.

Ramón, jefe de la tropa pero en función de guía de la patrulla de guías, se encontraba rezagado unos 300 metros enfrascado en conversación con los guía de la patrulla halcones, Raúl, también conocido como el gordo, junto con Arturo, guía de los castores, con el sobrenombre de flaco, por su constitución.

Habiéndose detenido la columna en espera de que Ramón, alcanzara la cabeza de la columna finalmente la alcanzó.

¿qué pasa?- fue la primera pregunta.

-Creo que el gordo ya nos perdió por haberse adelantado y por seguirlo todos sin fijarnos- fue la respuesta de Luis Felipe.

-No se preocupen, tranquilos, no pasa nada, vamos bien- contestó Ramón tranquilo y con la parsimonia que siempre tenía-desde aquí se ve el pueblito de Tepoztlán, así que nada más brincamos esas piedritas y llegamos a Tepoztlán. Sigan caminando.

-¿Ya habías vendo por este camino antes?- fue la pregunta de Arturo.

-Si, varias veces- fue la contestación lacónica y con toda la confianza de alguien que sabe donde está parado de Ramón.

Lo que ninguno de nosotros sabíamos era que , al igual que nosotros, nuestro jefe de tropa jamás había puesto un pie en la vereda sobre la cual caminábamos, sin embargo, para no parecer tonto, nos había dicho que conocía el camino a la perfección.

Continuamos por la "veredita"bromeando y platicando para alcanzar las mentadas "piedritas"mencionadas por Ramón que al llegar a ellas descubrimos que se trataba de una verdadera pared de roca, la cual, osadamente y pensando que al brincarlas se encontraba el pueblo, iniciamos el ascenso sin ninguna protección solamente con Dios con su bendición y nuestro ángel guardián sin descuidarse un solo instante, contando entre nuestros atavíos de montaña con una cuerda de yute de unos 20 metros de largo con la cual, en aquellas partes sumamente escarpadas nos ayudábamos para continuar nuestra loca aventura , logrando finalmente con miles de trabajos, alcanzar lo que considerábamos era el bordo superior del complejo rocoso, que no era sino una planicie de unos 2 metros de ancho por unos 3 metros de largo, observando desalentadoramente que de ese punto a su parte superior existía aún una altura tal vez dos veces mayor que la escalada hasta ese momento. Que era de unos 30 o 40 metros de roca cortada a plomo con escasas hendiduras para sujetarse y que, visto desde nuestro punto de observación ya no las podíamos apreciar.Nuestra escalera natural había desaparecido y la única parte para salir del atolladero era continuar hacia arriba.

Y ahora, ¿qué hacemos?,- fue la pregunta lógica y desalentadora del guía de la patrulla pumas, José Antonio, muchacho espigado, el más alto de la tropa y que había guardado silencio durante todo el ascenso.

-¡Vamos a regresar!-contestó rápidamente el gordo, Alfredo-que le pareció lo más sencillo.

Inmediatamente todos aceptamos la opción como única salida para finalizar nuestro penar, por lo que dispusimos la cuerda y nuestras manos para deshacer el camino.

Nuestra sorpresa fue mayúscula al intentar el regreso y no ver ninguna asidera y determinar que los matorrales habían cubierto toda salida del sitio en el que estábamos, solo nos quedaba una cosa; continuar hacia arriba hasta llegar a la cumbre para así alcanzar el poblado.

Tomando la decisión y el liderazgo de nuestra expedición, Ramón fue el primero en decidir: Muchachos, debemos continuar pues no hay forma de retroceder asi que tranquilos, descansen unos minutos, vamos a comer nuestras tortas y nuestros refrescos para continuar el ascenso.

- desconsolados, pero sin mostrarlo, hicimos lo que nos sugirió y procedimos a ingerir nuestros alimentos no sin antes realizar la oración de los alimentos.

- Procuren guardar al menos una torta para después pues no sabemos a que momento saldremos de esto-habló Ramón quien al parecer tuvo boca de profeta-en una hora seguimos el camino, finalizó.

- Bien, vamos a continuar-fue la orden una hora después.

- Continuamos camino, trepando a partes la roca con la ayuda de nuestra cuerda poco a poco, algunas veces con el cuerpo al aire a unos 75 metros de altura, con la intrepidez de nuestros años y la preocupación de nuestro jefe de tropa y sosteniéndonos con la fuerza de nuestras manos en sitios que ningún cristiano en su sano juicio se atrevería a realizar el ascenso, sin embargo, no teníamos otro camino a elegir, solo continuar, y fue lo que hicimos por varias horas.

- Al llegar la noche, exhaustos, sedientos, desconsolados, pero sosteniéndonos entre sí con chanzas y risas ocasionales y haciendo bromas por el extravío, pasamos la noche no se donde en una pequeña terraza de la pared rocosa en la que a duras penas cabíamos. Doy ahora gracias a Dios que en la noche no se despeño nadie del pequeño sitio en el que pasamos la noche.

- Por la mañana, doloridos, con las manos hinchadas, hambrientos, entumecidos por el frío de la mañana, nos despertamos y con sumo cuidado guardamos nuestras cosas para continuar el ascenso.

- Finalmente, como suele ocurrir, a tan solo unos 5 metros alcanzamos la cumbre y nos orientamos para llegar al poblado de Tepoztlán siguiendo el estrecho camino hacia la derecha, por entre salientes rocosas, matorrales que nos arañaban las piernas, llegamos a un sitio en el cual finalizaba un supuesto camino terregoso, donde no había sitio para continuar el camino, observando a escasos metros un camino de terracería que conducía al pueblo pero sin saber como bajar.

- En ese momento, alcanzamos a ver pasar a una arriero con un burro por delante, vestido con el clásico sombrero de palma medio deshilachado con una chamarra barata de color café pantalones de dril y zapatos sucios y el burro cargado de leña. Al verlo, con el gusto de ver a otra persona , gritamos:

- -¡Señor, señor!,¡ buenos días!

- -¡Buenos días! Fue la contestación con la gentileza que tiene nuestra gente en el campo, tocando suavemente el sombrero.

- ¡Oiga señor! ¿Por dónde bajamos? Inocentemente Alfredo, el gordo, se atrevió a preguntar.

- Silencio por parte del lugareño, quien volteó a ambos lados, riendo casi a carcajadas, nos contestó:

- POR DONDE SUBIERON MENSOS- fue su respuesta alejándose con su burro y riendo a la distancia.

- Nos quedamos en silencio, no sabiendo si reírnos o enojarnos de la gracejada del lugareño, que nos ofreció una muestra del humor campirano y cuasi inocente de nuestra querida gente del pueblo. Finalmente, el gordo lanzó la primera carcajada siendo seguido por todos nosotros, que nos aligeró de nuestro penar y nos permitió aclarar nuestras cabezas.

- Finalmente, 15 minutos después dimos con el punto para salir del atolladero y 10 minutos después estábamos en el poblado comiendo un sabroso tamal y un jarro de atole que nos supieron a gloria.

- A las 11 de la mañana partimos a la Ciudad no sin antes llamar a una de las pocas casas que poseían teléfono para informar de nuestra situación y pasar el mensaje a los demás familiares, lo cual ocurrió, tranquilizando a nuestros padres que no sabían de nosotros hacía 24 hrs.

- El regreso transcurrió sin mayores pormenores dejándonos dos lecciones interesantes: en primer lugar, siempre fijarse hacia donde caminamos.

- En segundo lugar, la contestación franca y llana del campesino del POR DONDE SUBIERON MENSOS, jamás la hemos olvidado.

10. EL PRIMER CAMPAMENTO

EL PRIMER CAMPAMENTO

La reunión de tropa llegaba a su fin y con ella las ultimas indicaciones del jefe de tropa quien, formando a la tropa en rectángulo, procedió a dar lectura a los avisos finales:

Bien scouts, finalizamos nuestra junta de tropa con avisos, los cuales se los leerá Héctor, nuestro subjefe de tropa; Héctor,, tienes la palabra.
Bien muchachos, el aviso más importante es el del tan esperado campamento de tropa que se ha de llevar a cabo en 15 días más, para lo cual sus guías van a distribuir el oficio de información para sus papás.

Finalizó la junta y al llegar a casa la información fue inmediata:

¡Vamos de campamento en 15 días 'má! Ya nos dieron los datos-Arturo fue el primer en anunciar la nueva.

-¡Si! Y "solo" va a costar $12.50 es muy barato   ¿no'má?-continué la noticia con la ilusión que todo niño puede tener ante una noche o dos fuera de casa, mil emociones, mil sueños de aventuras

-¡Qué bueno hijos! ¿Y que más hubo en su junta?

- fue la respuesta de mi madre, que para nosotros era el centro del universo a mis 12 años y 11 de mi hermano.

Pues jugamos un juego que se llama muralla china muy padre, nos enseñaron los nudos de rizo y vuelta de escota, ¿te enseño como son?-fue la respuesta de uno de nosotros que ni tardo ni perezoso buscó un trozo de piola para mostrar lo aprendido.

¡Además nos enseñaron la Ley Scout 'má! Solo que no se me pegaron los artículos pero... en la junta de patrulla nos van a dar un libro para aprenderlo-fue el otro el que habló- y además una canción que se llama "flor de lis"..

¿Quién fue uno y quien el otro?, no lo recuerdo, sin embargo el recuerdo de nuestra emoción no se ha perdido.

Finalmente concluyó la emoción al contarlo a nuestro padre quien al poco rato de llegar nosotros, se hizo presente en casa después de haber participado en su torneo de básquetbol, deporte de sus amores durante toda la vida (aún ahora a sus 83 años no se pierde los juegos profesionales de básquet transmitidos por TV).

Al conocer el aviso de campamento, un silencio sepulcral lo invadió, dirigiendo miradas a mi madre que no interpretamos, sin embargo se avecinaba una pequeña tormenta.

Ya en el lecho, fue otro el cariz de la situación, pues el tema fue discutido abiertamente sin la presencia de sus querubines.

¿Cómo vez lo del campamento?- inició mi padre la discusión.

¿Cómo veo de qué?, no hay discusión, mis hijos no van a ningún lado-fue la respuesta tajante de mi madre al salir de su baño nocturno-son muy chicos y Dios sabe que pueda pasar en el campo, solitos, y que irán a comer... no, no van. Además, tengo entendido que se necesita equipo especial,¡imagínate!.

Tienes razón, Mary, la verdad el tal Akela no me inspira mucha confianza, pues parece otro chamaco aunque más grande y quien sabe que tan responsable sea, y la forma en que me dio los informes el día que le pedí los datos para ingresar a los muchachos, la verdad me cayó mal, pues tal pareciera que le fui a pedir limosna y solo han acudido a las juntas porque mis hijos están muy emocionados. Hasta creí que con lo sucedido en la excursión se iban a desanimar y ¡caminaron mucho los pobres!, pero,,, insisten en ir y hablan maravillas de Akela.

Si ¿verdad?, como fueron a entender que. Que no necesitaban llevar sino su presencia a la excursión, pero gracias a Dios que entre todos los demás muchachos les dieron una torta.

Bueno, acuérdate que Arturo nos dijo que les dieron como 8 tortas ¡cuando se las iban a comer!, hasta trajeron dos a la casa.

Bueno, en concreto:¿van o no van?

No, no van, donde crees, definitivamente no van.

Pues mañana platico con mi papá-fue la ultima respuesta de mi madre para quien mi abuelo era un verdadero Dios, pues era, a pesar de su seriedad, y su papel de abuelo, un individuo fuera de serie, con una pensamiento tan moderno que aún ahora, creo que encajaría en la mentalidad del siglo XXI y que siempre era paño de lágrimas, apoyo espiritual y algunas veces hasta económico en la familia pues ejercía su abuelazgo como debe ser ejercido por todo abuelo, ¡Ah! Se me olvidaba: su mente siempre estaba abierta a los cambios, cosa rara en un hombre criado con la mentalidad del siglo XIX.

La plática finalizó y no volvió a tocarse el asunto.

Los sábados por la mañana era obligado el asistir a visitar a mis abuelos paternos que siempre nos trataban como... pues como todos los abuelos, con el gusto de vernos, de platicar con nosotros, de ver a mi abuelo desayunando en la cama, llevándole mi abuela una palangana con agua, su toalla cruzada en el brazo y un jabón para lavar las manos, hecho lo cual ., servirle su apetitoso desayuno, las más de las veces consistente en cafecito con leche , una pieza de pan, generalmente una concha, tortillitas y un par de huevos fritos con sus frijolitos chinos a un lado.

La visita finalizaba aproximadamente a las 2 de la tarde hora marcada para regresar a nuestro hogar a comer y asistir a la junta sabatina scout a las 5 de la tarde.

Y los domingos, la cita era en la casa de los abuelos maternos que iniciaba a las 10 de la mañana y generalmente retornábamos a nuestro hogar a las 8 de la noche, pues en tal sitio nos reuníamos con mis primos por la rama materna (y son bastantes) y nos sentíamos como en casa pues normalmente mi madre, la rígida pero amorosa, nos permitía prácticamente hacer lo que quisiéramos en compañía de los demás pelafustanes que eran mis primos, entrando y saliendo de la casa, entrando y saliendo a recorrer las calles y escabulléndonos al peligroso pedregal de san ángel que contaba con fauna peligrosa y que sin embargo a Dios gracias nunca tuvimos desgracias que lamentar. Las visitas a los abuelos maternos se espaciaron a cada 15 días al ingresar a los scouts.

Ese día fue especial. Casi al llegar, acudió mi madre a charlar con mi abuelo que se encontraba en su recámara reposando.

-Papá ¿cómo estás?- fue el saludo de mi madre e inmediatamente besando la mano de mi abuelo, su padre, quien correspondió su saludo.

María, ¿cómo estás hija?

Bien papá, ¿ y tú?

Pues bien, con esta ronquera que no se quiere quitar, me dijo el médico que son vegetaciones de la garganta y que hay que quitarlas, pero es operación y es cara.

Bueno papá, pero si es para tu salud, ya hablaremos con mis hermanos, bien sabes que no te dejan solo y menos en esto, y no solo a ti, también a mi mamá, pues ustedes han sido tan buenos con nosotros que poco se nos hace lo que les damos para compensarlos.

Gracias, hija, pero dime, ¿es cierto lo que me contó Raulito? ¿Entraron a los boy scouts?

Si, papá, de eso te vengo a platicar y a pedirte tu opinión, fíjate que ingresaron y están muy contentos, y ahora están muy alborotados porque hay un campamento en 15 días que inicia el viernes por la tarde y finaliza el domingo, ¡imagínate!, no sé ni que van a comer y mucho menos hasta donde van y no se diga de su transporte, donde dormiran, no, no, no van a ir, ya Raúl también me dijo que no van.

Mm.-fue la respuesta de mi abuelo acariciando su barba-¿y en el campamento ellos guisan sus alimentos?

Si papá, parece que así es.

Y ¿ellos van a comprar las cosas?

Si.

Y ¿solitos hacen su cama?

Pues sí al parecer así es papá.

Ah y ¿duermen en tiendas de campaña?

Si papá, al parecer así es.

Vaya, entonces si hacen eso;-fue la respuesta de mi abuelo-figúrate que cuando me fui de mojado a Estados Unidos, vi a los boy scouts en el campo y los vi haciendo eso y jugando solos en el campo por eso sé lo que hacen más o menos hija.

Entonces estarás de acuerdo en que no vayan ¿verdad?

Oye y ¿cuánto cuesta el dichoso campamento?

$12.50 de cada uno-respondió mi madre cada vez mas tranquila al comprender que contaba con el apoyo del individuo más importante de la familia.

Y... ¿lo tienes?

Pues, una parte, pero no voy a usar el dinero en eso, ¿me comprendes?

Perfectamente, pero dime, ¿cuánto te faltaría para poder mandarlos a acampar?

Creo que 8 pesos- contestó mi madre, ya intrigada por las preguntas hechas por el mayor de la familia.

¿Tendrás cobijas, chamarras, trastos para que coman y todo lo que pidieron para la salida?

Bueno, si, pero ¿porqué me preguntas?

Espera- lacónica fue su respuesta dirigiéndose al inmenso ropero ubicado en su recámara y abriendo uno de sus múltiples cajones, sustrajo un paliacate rojo regresando al borde de la cama para continuar hablando con mi mamá:

Ten, son los $8.00 que te faltan para que vayan al campamento y toma estos otros $15.00 por si necesitas más. En caso de no utilizarlos, la semana siguiente me los devuelves.

Mi madre, no alcanzando a comprender la acción de mi abuelo preguntó:

Pero, papá, ¿me entendiste lo que te dije?

Perfectamente hija, sé que tus niños ingresaron a los boy scouts, que les ha gustado, que a ti también te agrada pues cuando fuiste jovencita yo te permití acudir al club de excursionismo que hicieron y supe que te divertiste y te ayudó en tu desarrollo de tal modo que aún guardas un recuerdo muy hermoso de sus excursiones ¿no es verdad? Y algo muy importante: contaste y sabes que podrás siempre contar con tus hermanos pues siempre te acompañaron en las excursiones e incluso pidieron permiso para que tu y tu hermana asistieran lo que les a ayudado a hermanarse aun más ¿no es verdad?

Si.

Bien, déjame continuar: cuando me fui a Estados Unidos a trabajar en el campo, el trabajo de la pizca de cebolla y jitomate era sumamente pesado y finalizábamos a las 5 de la tarde las labores. Muchas veces, finalizaba antes la labor y me regresaba de inmediato a los albergues a comer, pues contábamos con estufa, refrigeradores, y las alacenas todo lleno en su totalidad de víveres: huevos, tocino, quesos, jamones, pan de caja. Latería de todo tipo, aceite, en fin, todo lo comestible y de la mejor calidad y en abundancia para que al día siguiente retornáramos con las fuerzas reparadas para continuar la labor, sin embargo lloraba de hambre y desesperación al llegar y no saber ni tan solo romper un huevo, ponerlo en la sartén y cocinarlo para comer o bien no saber como abrir una lata de conserva que en la etiqueta se veían tan bien. Tenía que esperar a que los demás trabajadores como yo llegaran y como un favor me convidaran de lo que ellos preparaban.

Yo quiero demasiado a todos mis nietos pues su cariño no tiene precio, y no quiero que sufran ellos lo que sufrí yo al no saber cocinar o abrir una lata, es por eso que te doy el dinero y por favor, envía a mis nietos al campamento; sé que te vas a quedar preocupada los días que van a estar fuera, sin embargo ellos van a aprender cosas que a ti no se te ha ocurrido enseñarles o que no sabes que pueden serles de utilidad, déjalos ir, que aprendan, con toda seguridad van con una persona responsable que les va a ayudar en caso necesario y regresarán felices y sabiendo cosas que yo no aprendí nunca, y no te preocupes, tus niños deben de crecer. Sé que su ausencia te va a pesar así como a Raul, tu esposo, sin embargo creo que deben de ir.

-¿Mary, que te dijo Don. Miguel?- fue la pregunta obligada de mi padre al regresar a casa ante el silencio de mi madre.

-Mira, me dio esto-abrió el bolso y sacó el dinero dado por mi abuelo. Pero, ¿para que?

Me dijo que los dejara acudir al campamento y me dio razones más que buenas para hacerlo así que los voy a dejar ir, te explico lo que me dijo, verás... procedió a narrarle la conversación que tuvo por la mañana con mi abuelo.

Bueno, pues siendo así... sé que tu papá no se equivoca y su juicio normalmente es el adecuado, así que irán mis hijos al campamento- fue la contestación de mi padre una vez finalizada la explicación de mi madre.

Y acudimos a nuestro primer campamento cuyo recuerdo es indeleble y creo que jamás voy a olvidar esa experiencia primera pasando fríos al acostarnos la primera noche y la segunda aprendiendo la forma de cobijarnos para poder dormir, así como la preparación de los alimentos y desde luego el lavado de trastos que no sabíamos que se tenían que lavar y no se diga de la forma de encender el fogón para cocinar, el aseo de cara y manos en agua congelada, además de los juegos y la experiencia de tener que comer bolillos húmedos al caer el encargado de la bolsa de bolillos a un arroyo humedeciéndose su precioso cargamento, sin embargo disfrutando cada uno de nuestros alimentos como si comiéramos en el mejor restaurante de la ciudad sabiendo que nosotros mismo habíamos cooperado en su preparación de una u otra forma..

Posteriormente todos y cada uno de mis primos y hasta mi hermano menor pertenecieron a los Scouts disfrutando a la par que todos de la vida en el movimiento scout por un largo período. Hasta la fecha todos guardan algún recuerdo de esa etapa tan maravillosa de nuestra niñez y adolescencia.

11. EL HIJO DEL AGUA

EL HIJO DEL AGUA

Era un niño taciturno, reservado, en parte tímido, callado, ojos somnolientos y mirada triste y profunda, monosilábico en ocasiones y discreto en otras, pero mostrando una gran inteligencia en sus palabras.

Su refugio...su madre.

Su respeto y admiración... su padre.

Pero una vez, se topó con una alberca: se puso su traje de baño y el cristalino oleaje lo prendó para siempre.

Tarde se le hacía para cumplir sus deberes escolares y volar hacia el inquieto embrujo de la orilla que contenía el burbujeante vaivén de su querido líquido.

Chapoteando primero y con varios chapuzones posteriores, entablaba acompasadamente un rítmico pataleo, con sincronización ambidextra que el agua y él, se fundían en una sola piel y con las brazadas, intentaba no dejar escapar lo que para él significaba: *inspiración, libertad y gozo.*

Brazos Y piernas eran acariciados por una humedad que lo invitaba a nadar quieta y pacíficamente; la alberca le dio el cobijo en donde despertaban todos sus sentimientos; no había ataduras ni órdenes y mucho menos hábitos y reglas, no... Aquí había libertad y su cuerpo aceleraba el crecimiento de un cerebro dispuesto a superarse ante su mundo infantil.

Muchas competencias y numerosas medallas, pero, no importaban los triunfos, ni la fama ni los aplausos y reconocimientos. Lo que importaba era estar con su amiga y confesora: la que lo liberaba de presiones y le solucionaba los ajustes de la pubertad incipiente y de la soledad adolescente.

Su querida agua lo invitó a seguir viviendo con ella, cambiando horizontes en forma de ríos y mares, volviendo a fundirse deliciosamente como uno solo, para seguir creciendo sano y fuerte.

Cuando este hijo del agua se hizo hombre, le dio fortaleza, formación y carácter pero, como todo ser humano, el mundo le ofreció otras alternativas y, el traje de baño, anteojos y gorra, quedaron olvidados.

El no se dio cuenta que, al partir, la alberca se quedó quieta, muda, sin vaivenes, fría y silenciosa, triste y melancólica porque su confidente, hijo y amigo... se había alejado.

¿Quién la compartiría y le daría vida?. Su cantar enmudeció y se tornó sumisa y fiel a los nuevos socios que trataban de dominarla y su goteo incesante fue desparramándose por las alcantarillas que la fueron dejando desolada por la ausencia del hijo querido y a los nuevos amos los alojó sin entusiasmo.

De vez en cuando el hijo del agua suspira y planea la manera de reunirse nuevamente con su confidente esperando el día en el que volverán a fundirse para reafirmar su sagrada amistad.

¿No es así... mi querido Raulín?

Ángel Ortiz Escobar.

Incluyo este relato de nuestro llorado y amado hermano que fue llamado por el Señor posiblemente para contentarle con sus canciones scouts y sus vivencias del movimiento que amó. Te extrañamos.

12. EL PASAJERO PERDIDO

EL PASAJERO PERDIDO

A las 10 de la mañana la ciudad ha despertado, el sol con sus acostumbrados rayos se ha encargado de indicarnos:"ya es de día, a trabajar" y nosotros, humildes seres humanos, convencidos del hecho, procedemos a hacer lo que nuestros padres a su vez hicieron: trabajar.

En el mortuorio del servicio forense todo es calmo, silencioso, sus huéspedes son los únicos que no responden al llamado de nuestro padre sol, nunca mas han de hacerlo, han callado para siempre y su único camino a recorrer es el que lleva al camposanto, algunos, los más apreciados, serán trasladados a una tumba con su inscripción, y otros, los desamparados, los hijos o padres de nadie, habrán de recibir sepultura en la fosa común, aquella que iguala y hermana a todos, aquella que no distingue clase social y principalmente, recibe sin pedir nada a cambio, solo a esos hijos de nadie que han de recibir su ultima cobija.

La carroza fúnebre contratada por el gobierno se encontraba esperando el humilde cajón dispuesto para portar el despojo de un individuo de unos 50 años, enjuto, con aquella facies del alcohólico consuetudinario que no había sido reclamado por ningún familiar después de haberlo recogido de una de tantas esquinas de la ciudad donde vió la luz del día por ultima vez, ¿su nombre? Ni el lo recordaba, solo era"el briago ese", si aquel, el borrachito. Nadie más.

El cajón con su contenido fue subido rápidamente.

-Oye, no pesa nada.

¿ si verdad?, hasta parece que está vacía la caja.

Bueno compañero, al mal paso darle prisa, vamonos porque todavía hay que regresar a la funeraria por uno más, y este es de los que si pagan y tenemos que estar listos a las 12.00 del día para llevar al difunto a la catedral.

Bueno, pues vámonos no sin antes dejarme tomar un cafecito de la maquina pues aquí sabe muy rico el café. Ven, te invito uno.

Vamos, te acepto, solo deja cerrar la carroza.

Anda, vamos, no creo que se salga el viajero y al parecer no hay deudos que lo reclamen, al rato le cierras.

Sin mas, acudieron a la maquina que mediante cinco pesos expendía una taza de humeante café negro.

Pasaron 20 minutos, charlando entre sorbo y sorbo de café, cuando el chofer, viendo el reloj, se dirigió a su ayudante:

Bien compañero, es hora de ir al panteón, termina tu café y vamonos.

-OK, vámonos.

Ambos compañeros subieron cada uno por su lado a la carroza partiendo de inmediato al panteón, y debido al la premura de tiempo, pisaron el acelerador para acortar el tiempo hasta el panteón.

Oye Manuel, vete por la avenida de Leona Vicario, por ahí es mas rápido y le cortamos camino.

Tienes razón Emilio, nos jalamos por la subida que va a la colonia de Maria Auxiliadora y llegamos a un lado del camposanto.

Espero que esta charchina aguante la subida pues está muy empinada.

El camino fue recorrido con gran rapidez, sentándose la carroza de pompas fúnebres el la empinada subida que finalizaba en la colonia Maria Auxiliadora, sintiendo aproximadamente a la mitad del camino un jalón como si hubieran empujado a la carroza- es el cambio de velocidad, pensó el chofer y además el pedalazo entró de jalón,- siguiendo su camino a toda velocidad.

15 minutos después estaban entregando su carga en el camposanto.

-¡Hola señor Ramírez, buenos días!

-¡Buenos días muchachos! ¿Cómo están? Ya los extrañaba pues siempre son muy puntuales y ahora se colgaron como 40 minutos, ¿qué les pasó?

-Oh nada serio señor, solo que tomamos un cafecito en la maquina que está en el forense y cotorreando se nos hizo un poco tarde, pero aquí estamos, ¿dónde le dejamos al indigente que va a ir a la fosa común?

Bien, pasen la carroza y háganme un espacio, yo les digo el camino.

Ingresaron al panteón con su "preciosa" carga doblando ya en el interior en varias callejuelas hasta que finalmente en la sección nueva del panteón, el señor Ramírez, por cierto hombre como de 60 años, rechoncho, con una bufanda al cuello y su gorra de beisbolista desteñida, les indicó el sitio.

Bueno muchachos, es aquí, bajen al difunto y depositenlo en la fosa.

La fosa de unos 7 metros de largo por 2 metros de ancho y unos 3 metros de profundidad, había sido excavada la tarde anterior poco antes de cerrar sus puertas el panteón a las visitas, hacia las 6 de la tarde.

Al mismo tiempo, chofer y ayudante se dirigieron a la puerta trasera para bajar su carga, cual no fue su sorpresa al encontrarla vacía, ni cajón ni difunto.

-¡Órale!,- solo alcanzó a expresar el ayudante-.

-¡En la m...! ¿Dónde está la caja y el difunto?

-Señor Ramírez, creo que el entierro debe de esperar.

-¿porqué muchachos?

-Pues... porque se nos bajó el difunto en algún lugar, no lo traemos.

Pero... ¿cómo?, ¿qué les pasó?-alcanzó a decir el señor Ramírez.

Pues creo que se quedó mal cerrada la carroza y en alguna vuelta o en la subida que tomamos, se salió.

¿Qué van a hacer?

Pues buscarlo, nos vamos a regresar por el camino que veníamos, no nos queda de otra y llamar a la funeraria pues vamos a llegar tarde a otro servicio.

-Pues vuélenle, porque se les va a hacer más tarde.

De inmediato subieron a la carroza y procedieron a desandar el camino para dar con el difunto, llamando la atención encontrar en plena bajada al pasar la colonia Maria Auxiliadora, algunas gentes con una hacha desbaratando algo parecido a un cajón, probablemente haciendo leña para un calentador.

-Pareja, no hay nada ¿y 'ora que hacemos?, preguntó el ayudante quien sabía, sin decirlo, que era su culpa la perdida del difunto pues no había cerrado la puerta al partir al cementerio.

Pues no sé parejita, pero hay que hallarlo a como dé lugar-respondió el chofer.

-¡Nada, pareja! ¿Qué hacemos?

Pues no creo que se halla levantado y se fuera caminando, debe de estar en algún lugar pero ¿dónde?

Finalmente, sumamente preocupados y angustiados llegaron a la funeraria con la novedad de que el difunto se les bajo antes de llegar al cementerio.

-A ver si para otra ocasión se fijan, par de gueyes,-fue la respuesta de su patrón quien estaba sumamente molesto- ya trajo el cuerpo la ambulancia de bomberos pues les hablaron de la colonia Maria Auxiliadora que acudieran pues había un muertito a media calle.

-Vengan, acá esta el perdido, ora, llevenlo a donde debe de estar, y por favorcito, cierren bien y hasta con candado la carroza-par de gueyes. Ja, ja, ja.

Yo les aseguro que es verdad.

13. LA ABUELA

LA ABUELA

Esta fue una historia contada por una persona que asegura fue cierta. Yo no se ni quise averiguar por bien de la familia involucrada.

El diagnostico del medico fue único; la señora tiene depresión, miren señores, porque no le piensan y la llevan de paseo a algún lugar… digamos a Acapulco, a que tome el sol, se meta al mar, cambie de aires, que se yo… ustedes la conocen y además creo que se merece la abuelita un paseo dado que todos ustedes los recogió de pequeños y se hizo cargo de todos.

Bueno, Lalo-fue la contestación de Artemio, hermano menor de los cinco que acompañaban a la querida abuela- te agradecemos tu consejo y creo que vamos a hacerlo.

Si, se lo merece nuestra viejita chula-contesto Jorge, el mayor de los hermanos-la hemos tenido últimamente muy abandonada y cero es hora de redituarle algo de lo mucho que nos ha dado.

Oye, creo que es buena idea lo de ir a Acapulco- quien hablo era Joaquín, el hermano de en medio, rechoncho, coloradote, bonachón-yo pongo la camioneta, bien cabemos todos y la abuela ya lo saben, a mi lado, como antes lo hacíamos, solo que se ponen a mano con lo de las casetas y yo y uno de ustedes a las mitas con la gasofia, ¿Cómo ven?

Pues vamos programándolo en dos semanas, yo pido mis vacaciones en el taller mecánico no creo que Don Taurino me niegue pues hace mas de un año que Salí-esta vez toco a Pepe, el hermano que seguía a Joaquín en edad, este de facciones delgadas nariz afilada, puntiaguda como había sido la nariz de su madre- ¿Qué les parece?

No se hable mas, salimos el 24 de Julio a las 6 de la mañana con la jefecita-indico Jorge, muy parecido a su hermano Pepe-yo me apurare en estos días y cierro mi tallercito de compostura de lavadoras y nos vamos.

Muy bien, broders, así lo hacemos, vamos ahora por la abuelita

Y en lo que la llevamos a la casa, ve tú, Joaquín a la farmacia y cómprale las vitaminas que indicó Lalo.

Esta bien hermano, luego nos vemos, cuídenla.

Oye, que encargos, sabes que es lo mas sagrado para todos.

Los quince días volaron y a las 6 de la mañana de ese sábado, emprendieron todos los hermanos con la abuelita el camino a Acapulco.

La abuela, una anciana de 87 años, fue cuidadosamente sentada por los hermanos en el asiento al lado del chofer no sin antes colocarle el asiento neumático en forma de rosca para evitarle lesiones y proteger de hemorroides dado lo prolongado del viaje.

El viaje transcurrió sin problemas solo deteniéndose en Cuernavaca a desayunar para evitar contratiempos a la abuela quien aprovecho ese momento para bajar al baño y desayunar su acostumbrada tacita de café 2 conchas y un poco de el omelet que pidió.

Una nueva parada fue en Iguala bajando al baño todos incluyendo la abuelita ayudada por sus hombres, continuando el viaje sin problemas llegando al famosísimo puerto después de atravesar el túnel del tiempo –túnel bautizado así porque acorto el tiempo de llegada en algo así como una hora al puerto-procediendo a registrarse en el pequeño pero limpio y tranquilo hotelito ubicado en el centro de la Ciudad de Acapulco.

Acapulco cuenta con varias playas muy famosas como son puerto marques, la playa de la roqueta, caleta, caletilla, revolcadero y algunas mas como Hornos y Hornitos, todas accesibles y todas en buenas condiciones de uso, por lo que de inmediato cada uno de los hermanos se zambulleron en el mar, primeramente en Puerto Marques, playa con aguas mansas y bordeado por puestecillos que expenden mariscos y pescado empanizado y a las brasas.

Colocaron a la anciana mujer en una silla playera proveyéndola de su infaltable coco con popote así como su cóctel de camarones-¡como iba a faltarle su cóctel de camarones- sabrosamente preparado con cebolla finamente picada, cilantro, jitomate, catsup y una pizquita de salsa picante, solo para darle sabor.

El disfrute de todos fue máximo, principalmente observando a la ancianita sonreír al verlos juguetear como niños en las tranquilas aguas de la playa. Solo ella sabia que en algún momento había visto a sus niños con esa felicidad siendo niños al llevarlos por primera vez a una piscina.¡que momentos!

Los días transcurrieron en total felicidad estirando el dinero entre todos y disfrutando al máximo junto con su abuela, esos momentos así como los atardeceres en playa revolcadero viendo ponerse el sol casi todos los días de su paseo.

No falto la visita a La Quebrada a admirar a los intrépidos clavadistas en su acto nocturno con antorchas, espectáculo único en el mundo y del cual el famosísimo Tarzan Jhonny Weismuller había dicho; solo loco o muerto vuelvo a realizar un salto de la Quebrada.

A dos días de lo pactado de su estancia en el puerto sucedió lo inesperado; repentinamente, estando en el hotel, la abuela falleció.

Desconsolados, sin saber que hacer, empezaron a empacar sus cosas con bastantes recuerdos para los amigos, pero sin saber que hacer con la abuela. Ameritó una pequeña y rápida reunión familiar para decidir.

Llevarla al forense-comento jorge.

Donde crees, la van a destazar.

B-bueno, al ministerio publico, ideó Joaquín.

¿y que vas a decirles, que así solita se murió?

No, donde crees.

Si, hombre, capaz de que hasta al bote nos meten-asevero Artemio, transido de llanto y pesar.

Entonces, ¿que hacemos?

Bueno, empaquen y salimos de aquí con la abuela cargando a las 5 de la mañana para que no nos vean, la subimos al carro y nos vamos.

Espera, si nos detiene una patrulla ahí si nos enchiquera, pues que yo sepa no se debe de trasladar un cadáver así.

Es verdad Artemio, entons, ¿Qué hacemos?

Dejen pensar, propuso Joaquín el más tranquilo de los hermanos.

¡Ya se!

A ver, Jorge vete ahorita por una caja al mercado o...no, atrás del hotel vi unas cajas de televisión bastante grandes, tráete la mejorcita.

Tú, Artemio, consíguete un buen mecate en los puestos.

Diciendo y haciendo, llegaron con los encargos intrigados por ello pero concientes de que sabría hacer uso de ellos.

Bueno, pues con el permiso de la jefecita, a ver, Pepe, junto con Jorge, traigan a la abuelita... eso es, ahora vamos a colocarla en la caja con cuidadito... pongan un poco de ropa abajo y a los lados para que el cuerpo no se lastime- curioso pensamiento de la gente, ya parece que un cadáver se va a lastimar, en fin-ora si… metanla con cuidadito a la cajota… así… así mero… ¡eso es! Ya quedó.

Bueno a ver…Joaquín, pásame otro poco de ropa para colocarla arriba de su cuerpo.

Ya quedó-sonriente completó Joaquín su labor- Artemio, encargate de amarrar bien la caja.

Esperate tantito hermano, vamos siquiera a persignarnos y a rezarle un padrenuestro, ¿no crees?

Religiosamente hincaron todos y persignándose rezaron a la abuelita
El padrenuestro…amén.

Abuelita, discúlpanos, sabes que te queremos mucho y que esto lo hacemos porque es necesario.

Ataron perfectamente la caja, por cierto de un televisor Sony, algo de lo mas fino: de 28 pulgadas y a las 5 de la mañana sacaron sigilosamente su preciada carga y la ataron en el techo de la camioneta cerciorándose que esta quedara bien sujeta para que no se cayera.

A las 7 de la mañana para no despertar sospechas regresó Artemio al hotel a pagar la cuenta.

Buenos días señor Artemio, ¿se van?

Poniendo su mejor cara contesto: si, ya subimos a mi abue al carro, por cierto, tomé una caja de las que tienen atrás porque no cupieron las cosas ¿no hay inconveniente?

No desde luego que no, por la mañana llega el carro de la basura a llevárselas.

Bien, hasta la próxima, estuvimos muy a gusto, ¿tiene unas tarjetas para recomendarlos en el pueblo?

Claro que si, aquí tiene- fue la respuesta del amable velador que aun no cumplía su turno- y por favor hágale llegar mis saludos a su abuelita.

Si no se preocupe, ya no quisimos bajarla.

Hicieron bien, esta muy grande y las menos escaleras que suba, mejor. Adiós.

Emprendieron el regreso a su tierra, recordando anécdotas risueñas de la abuelita para con cada uno de ellos, añoranza muy acostumbrada por todos aquellos que han perdido a un ser querido

Transcurriendo el camino sin problemas.

-Oye, Joaquín, como que ya hace hambre, hablo Pepe.

-Si, y yo con las prisas y la pena no fui al baño y ya no aguanto -continuo Jorge.

Bueno, solo esperen que lleguemos a Iguala y nos detenemos.

Bueno, esta bien.

OK.

Me parece bien.

Aja, como digas.

Al llegar a la ciudad de Iguala, pasaron veloces las calles y a la salida rumbo a México DF. , a orilla de carretera se detuvieron en un modesto restorancito, dejando bien cerrado el vehículo y percatándose de que la caja estuviera bien atada.

Por turnos pasaron cada uno al sanitario y procedieron a desayunar esperando llegar a su pueblo alrededor de las 3 de la tarde.

Bueno, ¿alguien quiere algo más?

No.

Uf, yo no.

Estoy satisfecho hermano.

No.

Bien… ¡Señito!, ¿me da mi cuenta por favor?

Ahora le llevo señor, un momento.

Son 78 pesos nada más.

Si, esta bien, aquí tiene. Guarde el resto.

¡Gracias señor, que le vaya bien, buen camino!

Llegar al carro, sorpresa mayúscula:

¡La caja no está!

Se habrá caído, buscala

Donde crees, si me cerciore que estuviera bien amarrada.

Mira el mecate-intervino Joaquín-esta cortado.

¡Hijote, no le hagas!-esta vez Jorge habló.

Y ahora, ¿que hacemos?

Pues… si lo reportamos, nos meten al bote por tráfico de cadáver.

Y el que se la llevó pensando que se había sacado el premio gordo, ¡vaya sorpresa que se va a llevar!

Y por otra parte, ¿que va a hacer con el cadáver?

No puede reportarlo porque le dirán: ¿Por qué te lo llevaste?

Y al no hacerlo, ¿que hará?

Lo va a tirar, o no se que cosa…y por otra parte, ¿como llegamos al pueblo sin la abuela?

Pasaron largos 30 minutos sin saber que hacer.

Bueno, ¡ya esta!

Di, Joaquín, ¿que hacemos?

Nada.

Como.

Si, nada.

Llegaremos al pueblo y les diremos que la abuela falto en el puerto y que ahí la tuvimos que enterrar. Y punto.

¿Así nada más?

Si.

Pues creo que así debe de ser, fue lo que dijo Artemio todo compungido.

La noticia, corrió como pólvora en el pueblo, la abuelita de los González faltó en Acapulco y como fue muy rápido, allá la enterraron.

Los rosarios serian a partir del 31 a las 19.00 hrs. en casa de la abuela.

Fue muy concurrida, a falta de cadáver que enterrar, las gentes se allegaron a los rosarios.

La única respuesta la clásica pregunta de: ¿Cómo sucedió?

Fue lacónica, falleció en Acapulco y pues allá la tuvimos que enterrar.

-¡Vieja, vieja, ora si nos armamos, mira, te traigo esta tele para ti solita, ven!

-Ay viejo, otra vez "robates", un día te va a pasar algo muy malo.

El día llegó.

Raúl Oliver Grande 17-06-07

14. LAS AGUJETAS

LAS AGUJETAS

Alguna vez le preguntaron a B.P., si volviera a ser muchacho, que le agradaría ser. Su respuesta fue directa y sin pensar: "Guía de Patrulla".

Quien ha vivido esta dicha reconoce que no existe en el movimiento puesto tan fascinante como el de guía de patrulla pues le permite al muchacho desarrollar un liderazgo que difícilmente puede manejar en otra parte de su vida, liderazgo, que finalmente será decisivo en sus días de adulto pues esta es una escuela no matriculada que en la actualidad difícilmente encuentra uno en otros ámbitos de la vida.

Esto me permite recordar la siguiente anécdota:

Corría el año…!que importa en año! La Corte de Honor programó un campamento de 3 días que incluía un gran juego llamado "el niño raptado" y que consistía en hacer ver a la tropa-guías excluidos pues debían conocer la actividad para poder ser realizada-, que el nieto de un gran político, miembro de nuestra tropa, habría de ser raptado prácticamente el primer día del campamento y a través de deducciones la tropa por si sola debía de rescatarle de sus raptores, lo cual crearía en todos un ambiente de aventura, nerviosismo, temor, valentía y suspenso, para finalmente resolver la trama con un rescate digno de los mejores comandos de la segunda guerra mundial rescatando al muchachito de sus raptores y como gran final, se presentaría ante todos a las personas ajenas al movimiento y que actuarían como captores del niño, antiguos scouts desconocidos por el resto de la tropa y llevar a feliz termino la aventura al rescatar al muchacho y posteriormente presentar a las personas ajenas al hecho que colaborarían en el desarrollo de la actividad.

El gran juego se desarrollaba según lo planeado, logrando tal expectacion,que tan solo el primer día, en sesión especial con el jefe de tropa, se sugirió abortar el juego pues los ánimos se caldearon de tal forma que incluso algunos de los miembros de la tropa empezaron a fabricar lanzas , flechas y arcos hechizos para defenderse ya que a todos impresionó el secuestro del niño mas latoso de la tropa,- lo cual ocurrió al retrasarse en la caminata hacia el sitio de acampado, momento aprovechado por los raptores para retenerlo- acrecentando la tensión al dar a conocer tanto los guías de patrulla como el jefe de tropa que "pepe" era nieto de un alto político perteneciente a la Secretaria de Educación Publica recalcando que posiblemente ese era el motivo del secuestro.

Finalmente hacia las 20.00hrs del día sábado se decidió finalizar el juego, realizando cambios en los cuales solo algunos elegidos, esto es, los scouts mas altos y pesados, en compañía de los guías de patrulla, acudirían a rescatar al compañero, habiendo descubierto incidentalmente dos de los guías el sitio en el cual se hallaban los secuestradores.

En tanto se realizaba la operación comando para el rescate, se dio la orden al resto de la tropa acostarse, no sin antes dejar una guardia para avisar a todos los demás la posibilidad de peligro.

Lalito, subguia de la patrulla murciélagos, ocurrente muchacho de elevada estatura pero con un pensamiento acorde sus doce años, dirigía en su patrulla las maniobras para acostarse, llenos de temor.

-Riki, te toca la primera guardia, Jorge, 2 horas mas tarde te toca a ti la segunda guardia.

¡No!, fue la respuesta de Jorge, mejor que Lalo cuide la tienda desde afuera hasta que lleguen los guías ya que es el subguia de patrulla.-¡Que les pasa! dónde creen, fue la contestación del niñote de 1.76m de alto, que tal si también llegan y me raptan.

-Mejor les propongo una cosa: vamos a acostarnos todos y nos ponemos los zapatos, pero... los atamos unos a otros quedando prácticamente encadenados a través de nuestro calzado y así, si vienen a secuestrar a uno, van a jalarnos a todos y podremos defendernos ya que nos sacaran como choricitos a todos.

Lo risible del hecho no fue la ocurrencia, sino que toda la patrulla lo secundo y al llegar el guía de patrulla los encontró a todos muy dormidos, pero eso si, con sus zapatos puestos y atadas sus agujetas uno al otro.

A día siguiente se hizo del conocimiento de la tropa la ocurrencia de los murciélagos con lo que fueron durante casi el resto de ese año, blanco de las bromas de toda la tropa, trayendo a colación en la primera oportunidad, el hecho de:"vamos a atarnos las agujetas uno a otro para que si nos sacan que sea como choricitos".

Cabe mencionar que la actividad finalizo esa noche y por la mañana antes de retornar a nuestros hogares, los supuestos "raptores" llegaron a nuestro campamento causando al principio pánico y después la risa general al descubrir que todo fue un Gran juego.

15. JAMBOREE!

JAMBOREE!

La tarde lucia serena, con un sol esplendoroso, el camino al local de grupo se hizo fácil. "es sin uniforme"… fue lacónica la respuesta de Julio, el novato de nuestro Clan de Rovers, recién integrado al Clan tras cumplir sus 17 añitos.corre el año de 1967, el año previo a las Olimpiadas a celebrarse en México.

Oye,¿ y para que es la reunión?- fue la inocente pregunta de Víctor, mocetón de 1.78cm de estatura y con pensamientos aun de adolescente recién emigrado de la pubertad, hablar pausado, con palabras ampliamente digeridas antes de lanzarlas al ruedo.

Pues no se, aunque el Jefe de Grupo sonaba sumamente alterado, no se que fue lo que paso. Ayer todavía estuve platicando con el y no hizo ningún comentario.

Pues a mi lo que mas me llamó la atención fue la llamada del Sr. Oliver, nuestro jefe de Clan ya que nunca me ha hablado a casa. ¿Qué ocurriría?

Bueno ahora vamos a saberlo

¡Mira! Allá están Roberto, Raúl, hasta los "Dorados" –apodo de dos primos entre si, Fernando y Joel, ganado por portar el padre de uno de ellos sendos bigotes estilo Pancho Villa administrándoles los angelitos del Clan dicho apodo por los dorados de Pancho Villa-y vienen con Eduardo –dijo finalmente Julio Manuel.

Afuera del local de Grupo se encontraba Ramón, Jefe del Grupo acompañado por Don Raúl, padre de Arturo y Raúl quien también lucia sumamente alterado.

Vaya al fin llegaron-fueron las primeras palabras de Don Raúl hombre muy alto de apariencia enojada que sin embargo era sumamente tratable y con gran carisma para el trato con los jóvenes- pasen de inmediato.

Una vez adentro, preguntó.

¿Habla usted o hablo yo?-dirigiéndose a Ramón.

No, hable usted Sr. Oliver.

¡Que hicieron!

Todos, poniendo cara de yo no fui, se dirigieron a Don Raúl con la clásica respuesta:

NADA.

Cómo que nada! Hicieron un verdadero lío en un momentito.

Pero…pero… ¿Qué hicimos Don Raúl?- pregunto Víctor quien fácilmente se aterrorizaba ante cosas que salían de lo normal.

¡Y lo preguntas tú!!Tu que junto con Arturito son los que originaron todo!

Pero mister Oliver… papá,¿ que hicimos?-pregunto asombrado Arturo

¡Y todavía preguntas!... como si no supieran.

Pues, pues la verdad yo no sé a que se refiere señor Oliver pues que yo me acuerde ni Arturo ni yo hemos hecho nada. Fue la respuesta nuevamente de Víctor quien dejo traslucir un enrojecimiento de su rostro.

Mira papá, -intentando aclarar las situaciones, Arturo, envalentonado por las respuestas de Víctor y por dirigirse a su padre con un aplomo que a cualquiera intimidaría-no se que te hallan contado los demás pero no hemos hecho nada. ¿No es verdad Vic?

Si señor Oliver.

Es inútil señor Oliver- hablo Ramón, con su traje azul marino y corbata a juego que portaba al ejercer su profesión de maestro de inglés en una escuela particular-ni siquiera están concientes de la barbaridad que hicieron.

Pero, pero, es el colmo, no lo creo, no puede ser, es que, no puede ser que ni siquiera se den por aludidos.

Así es Sr. Oliver, no comprenden.

Bueno, intercedió Eduardo, de gran labia aunque el menor en edad: porqué no nos calmamos todos y nos explican todo, pues en verdad los demás no sabemos nada. ¿De que hablan?

Les explica usted o les explico yo-fue la respuesta de Ramón.

Dígales: yo no puedo hablar de la preocupación e indignación-fue la respuesta de Don Raúl.

Bien-terció Ramón, ya calmado de la primera impresión- Hace 15 días en reunión de Clan se pidieron los proyectos a desarrollar por ustedes.

Si, así es, correspondió Raúl, jefe de tropa y miembro activo del clan.

¿Cuáles proyectos presentaron angelitos?

Bueno yo presenté el proyecto de establecer una serie de reuniones con un sacerdote para hablar sobre Fe- tercio Raúl- pero aún no he hecho nada pues la escuela no me deja tiempo.

Bueno, contigo no hay problema, fue esta vez Don Raúl quien hablo.

Sr. Oliver ¿se acuerda que mi proyecto es sobre los scouts y la masonería?- ésta vez fue Julio Manuel quien habló.

Si, si pero ahí no hay problema-esta vez fue Ramón quien habló.

Bueno, ¿acaso soy yo?- preguntó inocentemente Eduardo

Por esta primera vez no eres tú, hablo Ramón.

Entonces… Son Víctor y Arturo, que hablen.

Pero si no hicimos nada-insistió Arturo- solo…solo…

¿Si?

Solo empezamos a trabajar nuestro Proyecto.

Y ¿cual fue?- pregunto Joel uno de los llamados Dorados-

Bueno, pues Usted nos autorizó el Proyecto JAMBOREE DE LAS BANDERAS DE AMERICA Sr. Oliver.

Si pero no me lo han planteado totalmente y por escrito.

Bueno Pa, pues después de la junta de Clan Víctor y yo empezamos a idear y decidimos actuar.

¿Y?...

Bueno pues fuimos a los periódicos y a las embajadas de toda América a llevar unas invitaciones para la realización de la Jamboree de las Banderas

¿Queeee?- palideciendo lanzo el grito Don. Raúl quien no daba crédito a lo que escuchaba.

Pues si, llevamos una invitación, pero… ¿Qué hay de malo? total, nunca nos hacen caso a los scouts. Y además nos fuimos a recorrer todo a pie-contestó con verdadero desparpajo Arturo-quien no alcanzaba a medir la gravedad de las cosas.

Pues si Sr. Oliver, nos recibieron las hojas…mire… aquí dejamos las cartas que nos sobraron… ¡Ah! Y aquí esta la firma de recibido con sello y todo de las embajadas y los periódicos… mire, el Universal…El Excelsior…y este es Novedades, mire.

También pasamos a The News y por cierto les llamó la atención los sellos de las embajadas que nos recibieron, mira éstas son: Canadá, Perú, Uruguay, Brasil, Nicaragua, Belice, Argentina, Chile, el Salvador, todos, y también el de Estados Unidos, mira, aquí está.-¿Qué hay de malo?

¿Les parece poco?-terció Don Raúl quien a estas alturas sudaba copiosamente y miraba a Ramón y luego a los muchachos y de nuevo a Ramón sin dar crédito a la magnitud del problema-¡MOVILIZARON A TODO MEXICO Y A LOS PAISES DE TODA AMERICA ¡ Cuénteles Ramón.

¿No saben lo que hicieron?- y dirigiendo la vista al cielo- dijo parafraseando al Redentor: Perdónales Señor, no saben lo que hacen.

Fui llamado por el Director del IMSS a través de una escolta nada apropiada de agentes del servicio secreto, que me sacaron de mis clases ante mis alumnos quien al llegar al edificio del IMSS me paso de inmediato a su despacho donde estaba ya esperándonos el Dr. Cifuentes administrador de la Unidad Santa Fe a quien ustedes ya conocen y todas las autoridades del IMSS, quien al reconocerme de inmediato me preguntó:

Y ahora que hiciste Akela.

Nnno sé Doc, me sacaron casi a la fuerza de mi trabajo y hasta el momento no me han dicho nada.

-¿Usted es el jefe de los Scouts de la Unidad Santa Fe?-fue la pregunta del Señor Aizpuru Director General del IMSS.

Si Licenciado-fue la lacónica contestación de Ramón.

¿Puede como #$%3$%/ explicarnos que hizo?-lanzó la pregunta en el mas puro y castizo español del arrabalero barrio de Tepito conocido en México como asiento de peladitos, vagos, comerciantes, rateros, gente de bien pero con escasa cultura y menor educación-¡ lea! -Tercio imperioso el Licenciado extendiendo la mano izquierda con un papel pues le faltaba el brazo derecho.

¿Reconoce el papel?

Pues si, es el membretado de nuestro Grupo.

¿Y que dice?

Grupo 8 Asociación Scout…

¡No! Lea lo demás.

"C. Embajador de Estados Unidos de Norteamérica.
PRESENTE.
Nos permitimos dirigirnos a Usted de la manera más respetuosa para invitarle a la JAMBOREE DE LAS BANDERAS DE AMERICA a celebrarse el día 12 de Octubre de 1967 a partir de las 16.00hrs en la explanada de la Plaza de los Héroes de la Unidad Santa Fe a la que acudirán las autoridades del Distrito Federal y del IMSS.
Se dará realce a la actividad con la presencia de la Orquesta Sinfónica de la Secretaria de Marina.
Esperando contar con su asistencia queda de Usted.

SIEMPRE LISTO PARA SERVIR
Ramón Pedroza Nava
Jefe de Grupo (firma ilegible)"

Pues si, es el papel oficial de mi Grupo y este se los di a miembros de nuestro Clan integrado por jóvenes con edades de los 17 a los 22 años…
¡Ah, Usted mismo se los dio!-exclamo uno de los asistentes a la reunión.- si, y me dijeron que era para invitar a algunas gentes a un proyecto que ellos se comprometieron a realizar pero… no me explicaron y nunca me llevaron los documentos a firma, por lo que perdí la pista de ellos pues ya no mencionaron nada.
Pues para que se entere, estos jovencitos invitaron a todas las Naciones amigas de América e incluso llevaron una invitación a cada uno de los periódicos de circulación Nacional. Y por si fuera poco, ayer nos llego por estafeta de la oficina de Relaciones una invitación igual y a las 9.00 de la mañana el Señor Regente de la Ciudad de México me llamo personalmente para preguntar sobre esto y si ya había desarrollado la logística de seguridad que se sigue en estos casos y cual era el programa general.
Sin saber de que me hablaba pero evitando parecer ignorante a todo dije que si que ya estaba todo listo que no se preocupara.
En cuanto colgué llame a mi Jefe de Relaciones la Srta. Domínguez quien de inmediato pregunto a sus subalternos acerca de todo esto.
Acudió el Licenciado Sánchez con la carta sin abrir pues había llegado hace una semana y no le había dado importancia pues fue llevada por dos jóvenes altos, requisitandole y sellándoles de recibido, permaneciendo

arrumbada en los documentos a tirar a la basura como acontece en estos casos.

Al abrirla detecte lo grave del problema pues involucraba a todo el cuerpo consular de los países americanos y a las autoridades del DF así que procedí a llamar a las embajadas quienes con toda calma me explicaron que estaban pendientes de su asistencia que contara con ellas y que me verían el 12 de Octubre en el festejo.

Pero lo mas grave no ha sido esto.

Señor-hablo tímidamente Ramón-¿hay algo mas grave?

¡SI!- correspondió el Sr. Aizpuru- hay algo aun mas grave.

Llevaron la invitación a la Secretaría Privada de los Pinos dirigida a... Adivine a quien: ¡Al Señor Presidente de la Republica!

-pegando un brinco alcanzo Ramón a contestar.- ¡QUE!

Así es amiguito, osaron molestar a las personalidades que rodean al señor Presidente y por mi conducto se permitieron emitir esta contestación, escúchela:

Muy Apreciable Lic. Aizpuru, me es grato dirigirme a Usted agradeciendo la invitación enviada por los scouts de su Unidad Santa Fe, sin embargo el Señor Presidente tiene compromisos ya contraídos con anterioridad y no le será factible asistir. Le ruega de la manera más atenta que en su nombre atienda a las personalidades y dirija algunas palabras alusivas al acto a los señores embajadores con su disculpa por no estar presente. Atentamente Secretario Privado de la Presidencia de la Republica.

¿Ve la gravedad del asunto?

Este... si señor licenciado-alcanzó a emitir con un nudo en la garganta la respuesta Ramón- Y ahora que hacemos.

¿Usted que pensaba hacer?

No estaba enterado de esto Licenciado pero apoyaré a los muchachos y veremos que la actividad, si usted la autoriza, se desarrolle lo mejor posible.

¡Que nos queda!- fue la contestación del representante del IMSS.

Le espero mañana con sus angelitos para leerles la cartilla de lo que hicieron y para que me detallen su actividad, pues la instrucción es que se desarrolle dadas las personalidades involucradas aunque con mi total desaprobación.

Le entiendo Licenciado, le aseguro que no va a suceder otra vez.

¡Desde luego que no va a volver a suceder! Délo por descontado que mientras yo este aquí no va a volver a suceder y le aclaro que hacen otro relajito como este y su grupito me encargo de cerrarlo yo personalmente.

Si señor Licenciado, le entiendo, y desde luego le pido disculpas.

Y así fue señor Oliver ¿Cómo ve?

Que bárbaros, con razón estaba alterado cuando me llamó.

Bueno, enfilando las ideas, esta actividad va a tener que realizarse y quienes principalmente tendrán que sacarla serán Arturo y Víctor así que a partir de este momento vamos a hablar en cortito para que no hagamos quedar mal a nuestras autoridades y desde luego a los scouts.

La actividad fue todo un éxito, se desarrolló con un desfile de banderas con el Himno Panamericano tocado por la Sinfónica de Marina con un buffet de carnes y tragos al finalizar el desfile y con asistencia de embajadores de casi todos los países incluido los Estado Unidos con todo su aparato de seguridad hacia su personal intimidando a todos con su presencia, habiendo representantes de nuestro Gobierno tanto federal como del DF así como un par de generales de alto rango designados por guardias presidenciales como espectadores del acto .

Llamo la atención la gran molestia demostrada por el Director de la asociación quien acudió forzadamente tras acre discusión con Ramón y con la insistencia de su asistencia dada la envergadura de la actividad y presencia de tan altas autoridades.

Aun recuerdo su llegada con su bastón de mando tipo Gral. Montgomery con el cual le pico en el trasero a uno de los Rovers diciéndole: "¿tu eres el director del Jamboree?"

Los titulares de los diarios al día siguiente dieron fe de esta actividad que nos paró de pestañas y mostró de lo que pueden ser capaces los scouts si se lo proponen.

Desde luego a corolario una suplica a los dirigentes: no firmen sin ton ni son documentos sin leer.

A los Scouts: antes de actuar mediten sus acciones y en caso de ser resoluciones graves, antes hagan saber a las dirigencias para que se evalúe y en caso dado, se autorice.

(Quien así lo desee puede encontrar en hemeroteca Nacional los diarios de los días 13, 14,15 de Octubre de 1967 crónica de esta actividad).

16. VIDA SCOUT

VIDA SCOUT

AVENTURA EN EL POPOCATEPETL

El nerviosismo iba en aumento y cada uno de los guías y subguias de patrulla se encontraban desde primera hora de la mañana para acudir a la gran aventura de verano; subir al Popocatepetl por primera vez en la vida.

Era arriesgado, complicado y por demás requería de disciplina espíritu y unos tamaños para realizar el ascenso.

No iba a ser fácil sin embargo meses atrás nos habíamos preparado para esto en excursiones de gran caminata, campamentos extenuantes que exigían mucho de nuestro físico; cortar árboles (esto actualmente esta prohibidísimo), hacer edificaciones en tiempo record, correr, escalar, etc.

Todo sacrificio seria recompensado con la gran aventura.

Quiénes asistieron? Bueno, si alguien falta me dicen:

Ramón Pedroza nuestro inefable e infaltable Jefe de Tropa y Guía de la Patrulla de guías.

Arturo Oliver, el flaco, mi hermano, guía de patrulla castores.

Javier Medina, el famosísimo chango, guía de la patrulla murciélagos.

Un servidor Raúl Oliver, el gordo, guía de la patrulla Halcones.

Salvador Hidalgo, el piñón, subguia de patrulla halcones,

Alfredo Amarillas subguia de patrulla castores.

Ricardo Rivera, el marci, subguia de patrulla murciélagos

Armando Hidalgo el piñón grande, guía de patrulla pumas

No recuerdo quien más.

Llegar a Tlamacas, estación de acampado, fue nada de contar excepto por la novedad y de establecerse en un campamento de alta montaña, cabe mencionar que ahí nos dio el llamado mal de montaña, un dolor de cabeza muy intenso que calmo con café cargado.

Otra anécdota; ahí tanto mi hermano Arturo como yo perdimos nuestros hermosísimos cuchillos de campo ganados a pulso y que según recuerdo nos los trajeron todavía los santos reyes.

Los dejamos sobre la mesa del albergue y en la madrugada llegaron escaladores que se los robaron. Fue una perdida que hasta la fecha aun resiento.

En la mañana a las 6 de la mañana nos preparamos para salir, recuerdo que llevábamos provisiones según nosotros para alta montaña, todo en frío, chocolates, dulces, tortas, en fin, salimos con todo el frío y deseos de continuar durmiendo.

El coloso nos esperaba impasible, frío, para cuidarnos o destruirnos, pero… partimos.

La subida fue penosa, pero alrededor del mediodía alcanzamos un punto que consideramos era una de las metas de todo excursionista, muy cerca del ventorrillo.

Ahí consideramos cumplida la meta, disfrutamos de la nieve, el juego y tomamos nuestro alimento.

¿Que sentimos?

Yo, una emoción especial y sentir que tocábamos a Dios y estábamos en una de sus maravillas pues no es fácil estar ahí y a cada mirada al infinito mas cerca sentíamos al Señor cuidándonos y al coloso, permitirnos permanecer.

Hacia las 3 de la tarde descendimos lo cual fue sencillo.

En el camino hubo una discusión muy seria con Ramón por motivo de disciplina y el resto del camino regresamos furiosos con el, llenando el colmo la llegada a Tlamacas donde nos dijo:

Bueno, vámonos pues hay que caminar hasta la carretera.

¿Cómo?

Si, hay que caminar, pues no hay transporte y apurense pues no tengo su tiempo.

Furiosos y con un silencio congelante, sumamente cansados por la escalada al coloso que es el Popo, nos preparamos a continuar el descenso que creo son algo así como 10 Km. desde la carretera hasta Amecameca.

Y empezó la epopeya: rumiando cada uno nuestro enojo, sacamos aquello que ahora entiendo: el espíritu, la adrenalina y la garra para descender sumamente cansados con hambre y prácticamente nublada nuestra mente para llegar hasta   la población.

Iniciamos un paso que ahora y siempre nos ha admirado pues podría llamarse de matacaballo pues nadie quería mostrar el cansancio y todos inundados de la testosterona que a esa edad inunda nuestro cuerpo, andamos, andamos y andamos, los mas pequeños para mostrar que eran aptos, el mayor, Ramón para mostrarnos que el era el líder y demostrar porque y los demás, para mostrar y demostrarse que cualquier reto se vencía fácilmente.

Y…lo hicimos en tiempo record como de una hora u hora y media alcanzamos llegar a la base del volcán para tomar la pequeña camioneta que hacia los recorridos hacia el pueblo pero… Ramón nos reto:
Bueno, como aun tienen gas… vámonos andando hasta Amecameca.
Nadie dijo no, nadie repeló, nadie negó, simplemente sin descansar las mochilas se continuó el paso de matacaballo hasta Amecameca que son otros 5 o 10 kilómetros; llegamos.

Enorme la hazaña, ahora lo veo y mas aún esa templanza mostrada pues nadie desmayó, nadie dijo hasta aquí, sino que todos en forma unánime sin dar ni pedir cuartel, llegamos a el poblado de Amecameca listos para tomar el autobús a la ciudad de México, aunque… si en ese momento nos hubiera retado Ramón, creo que Hubiéramos avanzado a pie hasta el DF.

Ahí yo comprendí que éramos distintos, que nuestro destino era no ser mediocres y que aunque fuéramos boleros, doctores, empleados, seriamos los mejores, pues esta experiencia templo nuestro carácter y nos sentimos únicos, nonos, los mejores, todos los que participamos en la gran aventura de vencer al volcán Popocatepetl.

ANIVERSARIO DE LA PATRULLA QUETZALCOATL

¡Ah, que tiempos aquellos!
La sesión normal de los martes a las 19.00hrs llego a su fin y con ella una información esperada con ansias;
Señores, dijo Ramón, la próxima semana se celebra el aniversario de la patrulla Quetzalcóatl, ¿lo han pensado?
Pues si pero no sabemos que hacer, fue la respuesta de uno de los guías.
Bien, pues vamos a festejar ese día, ya lo sabrán, así que los espero a las 6 de la tarde en el local de la patrulla perfectamente uniformados y listos para el festejo. Pidan permiso en sus casas y nos vemos. Fue claro Akela al hablar.
Tensos, nerviosos, dudosos partimos a nuestra casa donde como siempre ocurría les informamos a nuestros papas –maravillosos, hermosos, fantásticos padres míos y de mi hermano, que siempre nos han comprendido y nos apoyaron y aun nos apoyan En nuestros proyectos- bueno y ¿que van a hacer? Lacónico pregunto mi papa.
No sabemos, es una sorpresa de Akela, pero nos citó a las 6 de la tarde con $3.50 para pasajes.
A que Akela, fue la contestación de mi padre, bueno… ya veremos.
Toda la semana fue pensar y pensar, acudir a la escuela y asistir a nuestra reunión sabatina.
Lo que no sabíamos es que Akela, visito cada una de las familias de nosotros para pedir permisos e informar de la actividad. Corría el año…
hum…1963 me parece que mes de Octubre y a las 5 de la tarde nos despedimos de nuestros padres.
Si mal no recuerdo éramos:
Akela o sea Ramón, nuestro jefe de tropa y a la sazón guía de la patrulla de guías.

Arturo y Raúl, los Oliver como nos decían.
Alfredo Amarillas el gordo de la castores, subguia.
Javier Medina guía de patrulla murciélagos.
Otro chico que apodábamos el rorro.
Ricardo Rivera.
Creo, no recuerdo bien: Salvador Hidalgo y Armando Hidalgo. Todos perfectamente uniformados.

¿Adonde íbamos? Tomamos camioncito a Tacubaya y después a San Ángel donde nos bajamos en la gasolineria y enfilamos nuestros pasos a un Restaurante llamado SAJONIA, con ambientación alemana, de hecho un restaurante de comida alemana.
Vale la pena mencionar que meses antes en nuestras juntas de tropa para finalizar la reunión, nuestro jefe nos contó la Historia de EL BRAZALETE DE PLATA y al finalizarla después de no se cuantas semanas completó la zaga con EL PRINCIPE ERIC,(desgraciadamente solo estas dos novelas scouts han sido traducidas al español pues la zaga completa es de unos 10 volúmenes más, escritos en francés, aventuras scouts ambientadas en los años de la segunda preguerra mundial y en la cual, la patrulla involucrada, entre sus hazañas, viajaba a través de Alemania donde llegan a convivir con una patrulla de las juventudes hitlerianas y toman cerveza en un restaurante alemán, quedando en nuestra mente dicho pasaje como algo soñado, único y que todos soñamos con realizarlo como scouts aunque sabíamos imposible esto pues no era permitido a los muchachos beber en nuestro tiempo amen de lo caro que seria ir a un restaurante- ¡y mas alemán!.
Solo imaginen nuestros rostros, nuestra actitud al vernos inmersos prácticamente en el ambiente de estas novelas que llenaban nuestra imaginación y verlo hecho realidad!
Pero, no solo eso, verán:
Nos tomaron la orden, algo inusitada para nosotros pues varios jamás habíamos ido a un restaurante y menos de tal categoría
Dirigiéndose el capitán de meseros y los propios meseros a nosotros, unos mocosos, de USTED pidiendo opinión de los platillos aunque finalmente nos sirvieron un banquete especial para nosotros, si mal no recuerdo fue una sopa de col deliciosa, platillo consistente en una salchichota como jamás habíamos visto en su tamaño, de color blanco acompañada con una guarnición consistente en una papa cocida rellena

con algo que no recuerdo pero que sabia riquísima así como verduras cocidas y salteadas a la mantequilla,

Pero…Lo mejor faltaba, Akela llamo al capitán de meseros y algo le dijo al oído y a los pocos minutos, para acompañar el plato fuerte, nos trajeron a cada uno un enorme tarro de espumosa y helada, ¡cerveza de barril! Que de inmediato nos traslado a El Brazalete de Plata y a El príncipe Eric bebiéndola algunos con extrañeza, otros haciendo gestos y diciendo ¡que amarga! Otros: ¡no tenemos permiso para beber Akela! A lo que contestó: pues tienen mi permiso. Casi todos dejamos la gran parte de la cerveza y nos hizo sentirnos alegres, creo que medio borrachos, recuerden, éramos niños de 14 años el mayor y el menor de 12 añitos –muchos, muchos años después supimos que él había pedido permiso a cada uno de nuestros padres para tomar una cerveza y además mediante sus conocidos, trabó conocimiento con el dueño del restaurante con lo que obtuvo un precio súper especial para nuestra formidable cena.

En cuanto a nuestros padres, a regañadientes aceptaron todos que bebiéramos cerveza la cual, ahora comprendo fue de excelente calidad. Creo que a regañadientes aceptaron pero la experiencia fue increíble.

y para cerrar boca, una rebanada de strudell de manzana acompañado con café como nunca había probado.

Este Grand final acompañado con LAS MAÑANITAS por el aniversario de nuestra patrulla.

El regreso a nuestras casas fue con una inmensa alegría.

FIN

Aclaración al texto: a lo largo de esta obra menciono a Akela y aclaro que se trata de una persona, Ramón, quien con su carisma como dirigente fue reconocido por nuestra comunidad como Akela, el jefe de la Manada de Lobos del conocido libro: El Libro de las Tierras Vírgenes. 53 años ha y aun la gente le llama Akela.

El autor